本书是国家自然科学基金重点项目“基于RFID的
生鲜农产品供应链运作优化理论与方法”（71431004）的阶段性成果

基于RFID技术的零售供应链决策优化

范体军　梁　玲　等/著

科学出版社
北　京

内 容 简 介

库存不准确广泛存在于零售供应链的各个运营环节。作为具有划时代意义物联网的排头兵，RFID技术应用被认为是解决零售供应链库存不准确的最有效手段。供应链企业采用RFID技术，实现对产品在整条供应链上的运行全过程的识别、定位和追踪。这种可追溯的管理方式最终实现了产品的全“透明化”管理。本书考虑RFID技术应用对零售供应链决策的影响，详细地剖析了RFID技术应用带来的不同类型成本，以及RFID技术应用带来的不同收益，具体分析了不同利益主体和不同竞争关系下零售供应链优化决策问题，以及不同的供应链契约关系对RFID投入成本结构和利益分配方式带来的影响。

本书可供管理科学与工程学科的相关研究人员、教师和学生参考，也对从事物联网应用的管理人员具有一定的借鉴意义。

图书在版编目（CIP）数据

基于RFID技术的零售供应链决策优化 / 范体军等著. —北京：科学出版社，2019.12

ISBN 978-7-03-059827-1

Ⅰ. ①基… Ⅱ. ①范… Ⅲ. ①无线电信号-射频-信号识别-应用-零售企业-供应链管理 Ⅳ. ①F717.6-39

中国版本图书馆CIP数据核字（2018）第276571号

责任编辑：魏如萍 / 责任校对：贾伟娟
责任印制：张 伟 / 封面设计：无极书装

科 学 出 版 社 出版
北京东黄城根北街16号
邮政编码：100717
http://www.sciencep.com

北京盛通商印快线网络科技有限公司 印刷
科学出版社发行 各地新华书店经销

*

2019年12月第 一 版 开本：720 × 1000 1/16
2020年11月第二次印刷 印张：7 3/4
字数：160 000

定价：72.00元

（如有印装质量问题，我社负责调换）

前　言

库存不准确广泛存在于零售供应链的各个运营环节。由于库存不准确，实际库存量存在不确定性，零售供应链企业不得不增加其库存量，否则将面临缺货，失去销售机会。更重要的是，失真的库存信息存在于供应链的各个环节，必然影响供应链整体运作绩效。因此，库存不准确已成为零售供应链企业迫切需要解决的重要问题。

作为21世纪信息技术具有划时代意义物联网（internet of things，IoT）的排头兵，无线射频识别（radio frequency identification，RFID）技术被认为是解决零售供应链库存不准确以及提高零售供应链绩效的最有效手段。RFID技术作为物联网的重要技术支撑，必将扩展到企业运作的各个领域，特别是零售供应链管理领域。RFID技术在零售供应链管理领域的应用，必将提高供应链各个环节之间信息传递的流畅性和准确性，减少人为因素的交易错误，实时准确地获取库存信息，提高库存的准确性，降低货品的错放率，减少货品的丢失率，改进分销中心和零售商店的补货策略。以RFID技术为核心的物联网环境下大数据的产生，必将改变传统零售供应链的运作方式，形成新的供应链合作模式，并影响和改变零售型供应链的决策优化。

然而基于RFID技术的零售供应链管理增加了供应链企业的固定成本以及变动成本。当前RFID技术的应用实践一般是零售商要求供应商使用“出货前粘贴RFID标签”的方式，即投资RFID技术的成本由供应商承担，造成供应链“上游投资，下游受益”的搭便车现象。高额的技术引进成本使供应商望而却步，从而阻碍了这项新技术在供应链管理中的顺利实施。那么，零售供应链企业之间应该如何平衡RFID技术应用所产生的收益和技术成本？如何制订合理的RFID技术成本分摊方案，并解决供应链成员收益分配的问题？为此，迫切需要研究基于RFID技术的零售供应链投资决策优化的理论方法。

本书以RFID技术应用的零售供应链为研究对象，基于博弈理论和供应链契约理论，分析了在不同类型成本、不同利益主体、不同竞争关系下零售供应链如何进行RFID技术的投资决策优化，实现供应链运作效率的提升。全书共分六章。

第1章绪论。阐述零售供应链广泛存在库存不准确问题，以及采用RFID技术可以消除或者缓解零售供应链库存不准确性难题，并进一步分析RFID技术的引入存在优势和阻碍，并在此基础上阐述本书的研究问题、研究目的与意义。

第2章国内外研究现状。从零售供应链及库存不准确，RFID技术应用价值，供应链契约，基于 RFID 技术的供应链优化决策等四个方面进行详细的阐述和分析。

第 3 章价格外生的零售供应链 RFID 技术投资决策研究。基于 RFID 技术能完全消除供应链的库存缩减和部分消除供应链的库存损耗，同时考虑 RFID 技术的变动成本和固定成本，首先，在价格外生情境下讨论单制造商—单零售商组成的集中式供应链的 RFID 技术投资策略；然后，基于供应链契约理论研究 RFID 技术在分散式供应链下的成本和收益的协调问题；最后，考虑需求和价格具有相关性以及需求的不确定性，采用价格、回扣与回购契约，从而实现分散式供应链的 RFID 技术投资优化决策。

第 4 章基于回购契约的零售供应链 RFID 技术投资决策研究。将易逝品作为研究对象，考虑零售商面临的商品错放和损耗问题，在分散式决策下，研究回购契约是否能够应用于引入 RFID 技术的单制造商—单零售商组成的两级分散型零售供应链的协调，并分析商品错放率、损耗率等参数对该零售供应链 RFID 技术投资决策的影响。

第 5 章竞争型零售供应链 RFID 技术投资决策研究。基于博弈论的理论方法，对生产具有替代性产品的不同竞争型供应链中多种 RFID 技术投资方式下的供应链各方利润和供应链总利润进行了对比分析。首先，在讨价还价合同下，考虑由零售商主导下的两个制造商一个零售商组成的零售供应链分别在两个制造商均不投资 RFID 技术、一个制造商投资 RFID 技术以及两个制造商均投资 RFID 技术下零售商的收益变化；其次，在两条相互竞争的分散式供应链同时存在的情形下，分析两条供应链均不投资 RFID 技术、一条供应链投资 RFID 技术以及两条供应链均投资 RFID 技术下供应链各方利润与供应链总收益的变化；最后，研究两条相互竞争的分散式供应链和集中式供应链在三种投资方式下供应链各方利润与供应链总收益的变化。

第 6 章总结与展望。总结本书的 RFID 技术在零售供应链管理中探索性的工作，并对进一步研究进行展望。

本书是国家自然科学基金重点项目“基于 RFID 的生鲜农产品供应链运作优化理论与方法”（71431004）的阶段性成果，特别感谢国家自然科学基金委员会管理科学部对本书的资助。由于基于 RFID 技术的零售供应链决策优化是一个新的领域，其理论和方法尚处于研究与发展初期，很多内容也是探索性的，再加上作者水平有限，肯定有不完善的地方，疏漏和不足在所难免，恳请专家与读者批评指正。

作　者

2019 年 2 月

目　　录

第1章 绪　论

1.1 研究背景

尽管供应链企业加大了如自动补货以及自动需求预测等库存管理信息系统的投资，但信息系统中的库存记录与货架上实际可供货数量往往不一致，这种不一致称为库存不准确（inventory record inaccuracy，IRI），这种现象广泛存在于供应链的各个环节。Dehoratius 和 Raman（2008）实证分析了美国年销售约 100 亿美元的零售商 Gamma 公司 37 家门店 370 000 条库存记录，发现其中 65%的库存记录不准确。Kök 和 Shang（2007）报道了一家年平均库存价值 30 亿美元的分销商 Bata 公司，该公司服务于重型设备制造行业，其分销中心库存记录的不准确率为 1.6%，不准确的库存价值约为 5000 万美元。Kang 和 Gershwin（2005）通过对一家采用了自动补货系统的零售商的 500 家门店的托盘数据的研究，发现仅有 1 家门店的库存数据的准确率达到 70%～75%，全部门店的库存数据的平均准确率仅为 51%。

根据库存不准确产生的来源，库存不准确可以归纳为交易错误、库存错放错误、库存损耗错误以及产品质量问题。交易错误是在收货、发货等交易过程中无意发生的错误；库存错放错误是一部分货物被放置在错误的货架，不能及时满足顾客需求；库存损耗错误是由于偷窃、损毁等引起实际库存量的减少；产品质量问题是指不确定性的产品质量导致不清楚实际可用的质量合格产品数。

由于库存记录的不准确，实际库存量存在不确定性，零售供应链企业库存不得不增加库存量，否则将面临缺货，失去销售机会。这样，无疑将增大零售供应链企业的库存成本。更重要的是，失真的库存信息存在于零售供应链的各个环节，必然影响供应链整体运作绩效。因此，库存不准确已成为零售供应链企业迫切需要解决的重要问题。

作为 21 世纪信息技术具有划时代意义 IoT 的关键技术排头兵，RFID 技术被认为是解决库存不准确最有效的方法。RFID 技术是 20 世纪 90 年代兴起的一种自动识别技术，是利用射频信号通过空间耦合（交变磁场或电磁场）实现无接触信息传递并通过所传递的信息达到识别目的的技术。随着 RFID 技术的快速发展，特别是国家在“十二五”规划明确指出物联网作为战略新兴产业是国家未来重点扶持的对象，RFID 技术作为物联网的重要技术支撑，其应用领域必将扩展到企业运作的各个领域，特别是零售供应链管理领域。

然而基于 RFID 技术的供应链管理增加了零售供应链企业的固定成本以及变动成本。RFID 技术引发的固定成本包括购买、安装 RFID 设备和应用软件等的费用；变动成本包括 RFID 标签等的费用，其中 RFID 标签费用被认为是影响 RFID 技术实施的重要因素。尽管如此，RFID 技术在供应链管理的应用，必将加速零售供应链各个环节之间信息传递的流畅性和准确性，减少人为因素的交易错误，实时准确地获取库存信息，提高库存的准确性，降低货品的错放率，减少货品的丢失率，改进分销中心和零售商店的补货策略。

事实上，全球最大的零售商沃尔玛百货有限公司早在 2005 年就要求它的前 100 家供应商向其配送中心发送托盘和包装箱时使用 RFID 技术，同时我国中外运等物流企业也部分采用了集装箱级的 RFID 技术。尽管目前零售供应链 RFID 技术应用范围还主要是在集装箱级、托盘级和箱级层面，对于产品级的应用还没有大规模展开，但 RFID 技术应用于货品不同级别层次是必然趋势。在这种背景下，零售供应链企业应该如何平衡 RFID 技术带来的收益和成本？采用何种合同能够有效协调应用 RFID 技术后的分散型零售供应链的成本与收益，提升供应链整体运作绩效？同时，竞争型零售供应链模式下不同成员投资 RFID 技术对零售型供应链各成员利润和供应链总利润有何影响？无疑，解决这些问题的核心关键是基于 RFID 技术的零售供应链决策优化方法。

1.2 研究意义

供应链企业可以利用 RFID 技术的识别、检测和追踪贯穿整条供应链的信息流，可以对物品运行的全过程进行记录、处理与信息追溯管理，它非接触自动识别的特点可以实现对物品的“透明”管理，在供应链管理等多个领域的应用引起了企业和学者的共同关注。通过采用 RFID 技术，可以减少人为因素的交易错误，实时准确地获取库存信息，降低商品的错放率和商品的损耗率，缓解库存不准确问题。不仅如此，企业通过加大订货量以弥补库存不准确造成的缺货损失的传统策略也得以根本改善，库存成本得以有效控制，供应链整体运作绩效明显提升。

但是 RFID 技术并没有能够在供应链企业之间全面实施。原因之一是采用 RFID 技术后，供应链企业之间如何在库存信息准确性提高的情况下，进行库存决策以及如何在供应链企业之间协调 RFID 技术的投资成本，如何分享投资 RFID 技术带来的收益，而供应链环境下 RFID 技术投资收益又是否应该优于单企业的投资收益等已成为供应链管理亟待解决的新课题。原因之二是尽管 RFID 技术的种种优势对企业来说很有诱惑力，但是制约其在供应链中实施的关键问题在于成本增加的负担，包括购买安装RFID设备、应用软件及RFID标签的费用。特别对零售供应链而言，由于商品的种类和数量巨大，RFID标签价格成为最主要的制约因素。因此，在考虑RFID技术应用的前提下，通过定量和模型化的方法分析技术对供应链企业在库存管理、定价策略等方面的影响，以及供应链协调契约的关键参数在技术应用的成本分担等方面的调整，就成为十分必要的研究课题，有助于给企业开展和使用RFID技术提供参考。

现有的研究将不准确性的原因分类为库存缩减（损耗）、库存错放以及交易错误等，往往集中于研究某一种特定类型的不准确性，如佟斌等（2010）考虑了商品摆放错误对供应链利润的影响，研究了零售供应链企业应用RFID技术的决策问题，而实际上不同类型的库存不准确具有不同的特征，对供应链企业的利润也会带来不同的影响。不仅如此，现有的关于RFID技术应用的研究，往往集中于单个企业投资决策分析，较少从供应链协调的角度考虑，以竞争型供应链为背景分析RFID技术的投资决策的研究更是少之又少。同时，这些研究还缺乏对供应链企业间在技术投资成本分担、风险共担，以及库存不准确的关键参数影响方面的探讨。另外，尽管关于批发价格、收益共享以及回购合约等供应链协调研究非常丰富，但缺乏应用供应链协调理论研究供应链成员之间如何协调RFID技术应用的成本以及收益如何分享的问题。本书从供应链视角研究RFID技术应用的成本和收益分配的协调方法，降低供应链的运作成本，增强供应链绩效，缓解库存不准确带来的运作难题。

1.3 研究内容

目前库存不准确的研究主要集中于库存不准确单一类型，然而事实上，库存不准确往往包括库存损耗以及库存错放等类型，而不同类型的库存不准确带来的库存维持成本和缺货损失存在很大的差异。另外，研究较少综合考虑RFID技术投资的固定成本和变动成本。本书综合考虑库存缩减和库存错放两种库存不准确问题，以及RFID技术投资成本的不同类型，针对不同的供应链合约构建协调模型，分析供应链RFID技术应用的协调策略。RFID技术应用增加了供应链运作的固定成本和变动成本，降低了供应链的库存不准确性，提高了供应链的收益。因此，RFID技术应用改变了传统的供应链协调模式。鉴于此，在供应链RFID技术应用情况下，本书考虑了价格外生的单制造商—单零售商零售供应链RFID技术投资决策、基于回购契约的零售供应链RFID技术投资决策以及多制造商—单/多零售商的竞争型零售供应链RFID技术投资决策的三种情形的供应链协调模式。并基于报童模型和供应链契约理论，综合考虑了多种供应链模式下由于商品错放和损耗共同引起的库存不准确问题，研究了供应链环境下的契约协调问题，对比分析了 RFID 技术投资前后的利润模型，探讨了该技术的投资决策问题。

（1）价格外生的单制造商—单零售商零售供应链 RFID 技术投资决策研究。为了对比 RFID 技术是否能够降低零售商库存错放和损耗等问题，本书讨论了单制造商一单零售商的结点供应链的 RFID 技术投资策略。尽管 RFID 技术的引入会增加供应链的总成本，但分散式决策下，如果 RFID 标签成本和 RFID 技术带来的损耗改进率负相关，那么零售商会有意愿采用 RFID 技术解决库存的不准确问题。

（2）基于回购契约的零售供应链 RFID 技术投资决策研究。考虑零售商面临的痛点：商品错放和损耗问题，在分散式决策下，回购契约是否能够应用于零售供应链的协调。作为应用于易逝品的回购契约，在两级供应链分散式决策下，零售商不仅要面对市场需求波动的不确定性，还要面对商品库存管理不准确的问题。因此，本书为了实现供应链整体库存绩效最优，在采用 RFID 技术的单制造商—单零售商组成的两级分散式供应链中引入回购契约，以激励零售商在商品库存不准确导致的订货决策中实现最优。

（3）竞争型零售供应链 RFID 技术投资决策研究。由于在多制造商—单/多零售商供应链系统中，多个制造商的情境下，产品存在替代性和竞争性，因此，不同于单制造商-单零售商供应链决策问题，研究竞争型零售供应链 RFID 技术投入的供应链优化问题将更为复杂：①在非竞争型零售商下，产品需求分布由各零售商的零售价格确定；②在竞争型零售商下，市场的产品需求分布不仅受单零售商的定价影响，也受其他零售商的定价影响。

在竞争型零售供应链特点下，本书将博弈论的理论方法与供应链契约理论相结合，对生产具有替代性产品的不同竞争型供应链中多种 RFID 技术投资方式下的供应链各方利润和供应链总利润进行对比分析。首先，在讨价还价合同下，考虑由零售商主导下的两个制造商和一个零售商组成的零售供应链分别在两个制造商均不投资 RFID 技术、一个制造商投资 RFID 技术以及两个制造商均投资 RFID 技术下零售商利润函数的变化；然后，在两条相互竞争的分散式供应链同时存在的情形下，分析两条供应链均不投资 RFID 技术、一条供应链投资 RFID 技术以及两条供应链均投资 RFID 技术下供应链各方利润和供应链总收益的变化；最后，研究两条相互竞争的分散式供应链和集中式供应链在三种投资方式下供应链各方利润和供应链总收益的变化。

第 2 章　国内外研究现状

2.1　零售供应链及库存不准确

2.1.1　零售供应链

零售供应链的核心是围绕消费者，尽量完美地满足消费者需求。零售供应链有多种渠道模式。许多学者对零售渠道模式进行了大量研究。

Chen（2013）基于收益共享供应商管理库存（vendor managed inventory，VMI）合同研究了易腐品的两级渠道协调问题，分别在多周期合作和非合作博弈下，构建了一个由零售商主导的 Stackelberg 供应链动态规划模型，得到了多企业动态联合决策。结果表明，在合作博弈下，电子市场通过收益共享 VMI 合同可以实现更低的零售价格、更多的库存数量和更高的渠道效率，并增加零售商与供应商利润。Zhang 等（2010）提出的多渠道零售商成为当今零售主流趋势，多渠道运营为零售商带来了更高的收益，同时也带来了更多挑战。基于此，他们讨论了多渠道零售的动机和制约因素。Pauwels 和 Neslin（2015）深入研究了渠道模式的选择问题，分析了将实体店渠道加入公司已有渠道后对收益的影响。进一步，将收益影响分解为客户获取、订单频率、订单大小和退货等几个因素。Herhausen 等（2015）提出了尽管渠道整合是一种公认的有发展前景的策略，但其对客户对零售商不同渠道反应的影响仍不明确。基于此，他们采用扩散理论，建立了一个理论模型，研究了互联网商店感知服务质量和感知风险以及客户的互联网购物体验对在线—离线渠道整合的影响，并进一步测试了对搜索意图、购买意愿和支付意愿等因素的影响。研究结果表明在线-离线渠道整合可以带来竞争优势和渠道协同效应。

Verhoef 等（2015）认为全渠道模式正在更广泛地影响着零售行业，移动渠道和社交媒体等已经改变了零售业务模式与购物者的行为。Beck 和 Rygl（2015）系统地综述了目前存在的全渠道零售，提出了多渠道、跨渠道和全渠道零售的分类形式。

综上所述，在现有的零售供应链管理中，零售渠道的研究相对比较完善。从单一的实体店渠道，逐步发展到移动渠道、自媒体渠道等，由多渠道不断向全渠道发展，零售行业的供应链管理呈现出了多样化的特点，为管理带来了更高的难度。

2.1.2 库存不准确

Fan 等(2014)考虑到 RFID 技术不能完全消除库存损耗问题，研究得到了 RFID 标签成本的投资阈值，并解决了库存不准确问题。Cannella 等（2015）构建模型定量分析了库存不准确对协同供应链运营绩效和客户服务水平的影响。结果表明，库存不准确严重影响供应链稳定性，相比供应链下游，它对供应链上游有更大的影响。Fan 等（2015）研究表明，当库存准确率较低时，RFID 技术可以减少订单数量以节省成本；当库存准确率很高时，RFID 技术可以提高库存可用性。Cannella 等（2017）分析了库存不准确对复杂多级供应链的绩效影响。研究发现，供应链的结构复杂性和提前期不确定性加剧了库存不准确对供应链绩效的不利影响。Chuang 和 Oliva（2015）开发了一个动态仿真模型，分析不同因素对库存不准确的影响。实证调查了全球零售连锁店的五家商店数据，评估了劳动力可用性与库存不准确之间的关系。但其研究仅针对同一类型的零售店，且没有从整个零售供应链的角度来考虑该研究问题。Thiel 等（2010）基于传统的（Q，R）库存模型研究了库存不准确问题，研究了在需求变化时服务质量、安全库存和库存不准确之间的关系，认为服务质量水平是库存不准确率的非单调函数。Li 等（2016）考虑库存不准确和补货提前期，研究了新鲜产品配送系统中的配送路径问题，提出了基于遗传算法的配送路线优化方法。Wang 和 Chan（2015）以最小化平均库存和生产成本为目标，考虑存在库存不准确、原材料订购的交付周期与机器不可靠性的情况，研究了单阶段生产/库存系统的补货和生产控制问题。Rekik（2011）采用报童模型对不确定需求情形下库存不准确问题建模，分别分析了需求服从均匀分布和正态分布情况下的最优订货策略。但以上研究并未明确区分库存不准确的类型。

Atali 等（2005）提出了三种不同的需求流导致的库存不准确，分别对应库存耗损、库存错放和交易错误。Rekik（2011）根据引起库存不准确的原因，将库存不准确类型进一步分为库存耗损、库存错放、交易错误和产品质量问题。尽管许多学者研究了库存不准确问题，但大多数仅仅关注库存不准确的其中一个类型。Iglehart 和 Morey（1972）最早研究了由于交易错误引起的库存不准确问题，他们提出了最小化库存总成本的单周期、定期检查，采用订货点补给策略的库存策略。Kök 和 Shang（2007）提出了以最小化库存与检查的总成本为目标的单周期检查补货策略。Fleisch 和 Tellkamp（2005）以三层供应链为例采用数值仿真方法研究了库存不准确与供应链绩效的关系，并提出了相应的库存不准确情形下的库存模型。Ritchken 和 Sankar（1984）通过回归方法来调整安全库存量以应对交易错误的库存不准确问题。Hill（2007）研究了需求服从泊松分布、提前期固定以及订货成本变化的连续检查缺货损失的库存模型。他的研究仅考虑交易错误和库存损耗类型。Kang 和 Gershwin（2005）采用数值仿真方法利用（Q，R）策略研究了库存不准确问题，他们认为很少的库存货物丢失将导致自动补货过程失灵，从而带来非常严重的缺货。他们研究的库存不准确涉及交易错误、识别错误、库存损耗，没有考虑库存错放。Dehoratius 和 Raman（2008）在考虑库存不准确时提出用库存记录概率代替点估计，提出采用贝叶斯方法周期性检查库存的零售商管理库存的补货。Thiel 等（2010）利用传统的（Q，R）连续检查、考虑缺货成本的库存模型研究了库存不准确问题，刻画在需求变动时服务质量、安全库存和库存不准确之间的关系，认为服务质量水平是关于库存不准确率的非单调函数。Mersereau（2013）研究了定期检查库存系统的库存不准确问题，考虑到库存不准确的存在，使用贝叶斯公式表示实际库存水平的概率分布，提出对应的最优补货策略。Cannella 等（2015）定量分析了库存不准确性对动态协同供应链运营绩效和客户服务水平的影响。Lei 等（2015）基于报童模型，考虑库存不准确，研究了零售商博弈问题。Biswal 等（2018）在非营利型供应链中研究了订货率、错放率和缩减恢复率对仓库总成本的影响。

2.2　RFID 技术应用价值

关于 RFID 技术的应用价值，相关学者的研究认为主要表现在三方面：降低人力成本、降低库存成本、提高产品可得性（Lee and Özer，2007）。

在降低人力成本方面，Kearney（2003）研究认为估算 RFID 技术将为供应链降低 9%的人力成本，为零售商和仓储降低 7.5%的人力成本。Lee 等（2013）指出通过将 RFID 技术应用于施工项目的全生命周期物料管理，不仅使管理更加便捷，也节约了人力成本。Shin 和 Eksioglu（2015）研究了 RFID 技术的采用与零售商劳动生产率之间的关系，认为 RFID 技术的采用能提高零售商的劳动生产率。李延晖等（2017）研究表明 RFID 技术的投入不仅能大大降低库存不准确带来的损失，还能节约零售商人力成本的投入。

在降低库存成本方面，RFID 技术的应用将大大增加产品的可视性，进而可有效降低实际库存和记录库存之间的差异（Niemeyer et al.，2003）。Angeles（2005）指出 RFID 技术应用有助于在零售业和物流业部分消除障碍，提高其供应链可视性。Gaukler 等（2008）对库存控制模型进行研究，发现利用 RFID 技术提供的订单处理进度信息，在传统的库存补充策略中动态地增加紧急订单策略，能很大程度地提高零售商绩效。Ngai 等（2014）通过案例分析指出，在航空维修中引入 RFID 技术可消除库存记录滞后性进而降低库存成本。Tabanli 和 Ertay（2013）研究了 RFID 技术在汽车行业中的应用，结果表明 RFID 技术的应用价值来源于库存管理的有效性。Gaukler 等（2017）提出 RFID 技术能够识别产品的温度和时间信息，零售商根据这些信息可以动态决策，能降低销售过期产品的概率，同时也大大降低其库存成本。Adoga和Valverde（2014）研究了基于RFID技术的供应链库存管理系统在石油行业中的应用，认为该技术可以解决石油行业仓库运营问题。Goyal等（2016）通过实证研究发现RFID技术应用的可追溯性使库存不准确率大幅下降。Ngai等（2014）研究了一家从事飞机零部件维修的公司，考虑RFID技术可以消除零部件的库存不准确问题，评估了RFID技术在飞机维护中的价值。

在提高产品可得性方面，RFID技术的应用一方面可通过提高可视化水平降低实际库存和库存记录之间的差距，另一方面通过对库存的实时监控，可有效减少库存错放、交易错误以及损毁等库存不准确信息，进而提高产品的可获得性。樊宏（2006）研究发现，沃尔玛通过采用RFID技术，实现供应链的信息透明，每年可以降低成本83.55亿美元。Zhou和Piramuthu（2012）研究认为RFID技术增强了大规模生产环节的可视性，提高了生产企业质量控制的能力，并且由质量水平的提高带来的好处随着生产过程方差的增加而增加。在后续的研究中，他们指出RFID技术的可追踪性为再制造企业降低了损耗和污染，提高了产品质量，增加了企业的收益。Hardgrave等（2013）实证研究了RFID技术应用带来的可追溯性能减少零售店的库存不准确，提高商品的可得性。Xu等（2013）基于动态SKU（存货单位，stock keeping unit）管理法和成本优化法设计了基于RFID技术的仓储管理系统。Kim和Glock（2014）开发了一个基于RFID技术的随机集装箱系统，这一系统有利于追踪供应链中可重复使用集装箱的位置，从而大大提高了集装箱的使用效率。Thiesse和Buckel（2015）研究了RFID技术的技术设计、技术选择和技术特性等因素对库存不准确的改善能力与企业收益的影响。Sarac和Absi（2015）采用仿真方法分析了三级供应链中引入RFID系统对不同类型产品库存不准确的影响。Dai和Tseng（2012）提出了一种系统化的方法定量分析RFID技术降低的信息失真程度对多阶段供应链库存决策的影响。Qin等（2017）研究了供应链中所有成员采用RFID技术减少库存不准确，比较分析了库存不准确对牛鞭效应以及订单差异的影响。

RFID技术除了上述三个主要方面的应用价值，也从其他方面给企业带来了收益。Marco等（2012）评估了RFID技术应用在服装零售行业中的价值，认为RFID技术应用能提高该行业的收益。Bendavid等（2012）研究了RFID技术在医院中的应用，结果表明，RFID技术应用有利于提高高价值产品的可追溯性，提升服务水平并减少库存。Yazici（2014）研究了RFID技术是否有助于管理医院实时需求和人员信息。结果显示医院实时需求和RFID技术的感知效率与患者满意度显著相关。Dey等（2016）基于技术—组织—环境框架，研究了RFID技术在医疗保健行业中的应用价值。研究结果发现，组织和技术因素对RFID技术应用具有正向影响，而环境因素不会影响 RFID 技术的应用决策。Chan 等（2014）开发了一个贝叶斯模型，分析了 RFID 技术在医院快速反应系统中优化库存管理产生的价值。Nativi 和 Lee（2012）针对一个制造商和两个供应商（回收材料供应商和原材料供应商）组成的供应链，构建了 RFID 技术应用效益分析模型，分析基于 RFID 技术的实时库存监控和信息共享能否实现更高的环境效益与更高的经济效益。Tsao 等（2017）以制造商的总利润最大化为目标，设计了一个基于 RFID 技术的集成供应链网络，通过两阶段近似法求解了每个区域配送中心的最佳覆盖区域和订单数量，认为在采用 RFID 技术时，增加订单数量会导致每个配送中心的覆盖范围减小。范体军等（2013a）针对单供应商和单零售商组成的两级供应链，分析了 RFID 技术应用压缩提前期对供应链收益的影响。

2.3　供应链契约

供应链契约的概念最早由 Pastemack 在 1985 年提出，随后广泛应用在供应链合作相关研究领域。契约机制是指通过制定合适的约束信息和激励机制来保证交易顺利进行，同时优化绩效，明确各自权利及责任关系的相关文件与条款。目前，典型的供应链契约有批发价格契约、收益共享契约、回购契约、数量柔性契约、价格折扣契约等。

2.3.1　批发价格契约

批发价格契约是指供应商和零售商相互签订的批发价格契约，零售商根据市场需求与批发价格决定订货量，供应商根据零售商的订货量组织生产，零售商承担产品未卖出的一切损失。

Banerjee（1986）最早研究了具有确定性需求的批发价格契约。之后，其他学者从供应链的不同运作角度，拓展了批发价格契约的相关研究。Lariviere 和 Porteus（2001）假设批发价格固定，建立了简化的批发价格契约模型，该模型只包含产品的生产成本、批发价格和零售价格以及市场需求等变量，发现批发价格契约本身不能实现供应链协调，也就是说单纯的批发价格契约无法达到供应链整体期望利润最大化。Cachon（2003）综合考虑剩余库存和需求更新，研究了两周期供应链的情况。Li 和 Zhang（2008）基于批发价格契约研究了一个信息共享背景下的分散式决策供应链的协调问题。其中，每个零售商拥有部分关于不确定需求函数的私人信息，可以选择向制造商披露这些信息，而制造商则根据收到的信息确定批发价格。如果制造商将所接收到的信息保密，则信息交换称为保密；如果制造商将所接收到的信息向某些或所有其他零售商披露，则称为非机密。在保密前提下，零售商从批发价格中推断出共享信息，从而产生信号效应，提高了制造商的需求价格弹性，降低了批发价格，从而提高了供应链利润。Cachon 和 Kök（2010）采用批发价格契约、数量柔性契约和两部定价契约分别建立了多制造商与单零售商零售供应链协调，研究表明批发价格契约对竞争性制造商更有利，而数量柔性契约和两部定价契约对零售商有利。张义刚和唐小我（2011）针对短生命周期产品需求随机且允许延迟支付的情境，建立了以报童模型为基础的批发价格契约模型。分析表明，如果需求分布满足 IGFR（广义增加失效率，increasing generalized failure rate）条件，那么给定批发价格，零售商可以决策最优订货量，且制造商的预期利润是批发价格的递增函数。此外，供应链能够在一定条件下实现协调，但此时系统利润分配缺乏柔性。王磊和但斌（2015）构建了针对生鲜农产品的消费者时变效用函数，并建立了由零售商和供应商组成的两级生鲜农产品供应链利润模型，设计了基于生鲜农产品新鲜度的采购价格契约和批发价格+保鲜成本分担契约两种促进供应商提高保鲜努力程度的激励机制。研究发现，两种激励机制均能提高供应商保鲜努力水平，并且在一定程度上实现供应链协调。当零售商具有强势地位时，其在基于生鲜农产品新鲜度的采购价格契约下比批发价格+保鲜成本分担契约下能够获得更高的利润。

2.3.2 收益共享契约

收益共享契约是制造商以低于成本的批发价格将产品卖给零售商，但零售商需要将实际销售收益按一定的比例返还给制造商的供应链协议。

Cachon 和 Lariviere（2005）认为有两个可能的因素会导致收益共享契约失效：一是实施收益共享契约的管理成本过高；二是实施收益共享契约可能降低零售商的营销积极性。同时，他们也证实了在需求随机且与价格具有相关性的前提下，收益共享契约依然可以实现供应链协调。Katok 和 Wu（2009）对批发价格契约、回购契约和收益共享契约的效果进行了实证研究，考虑了制造商没有产能限制和提前期很短情形下的两级供应链的协调。研究表明回购契约和收益共享契约对供应链的改进优于批发价格契约，同时收益共享契约不能实现供应链一般均衡。Ouardighi 和 Kim（2010）基于供应链质量管理理论，通过动态博弈模型研究了两个制造商进行质量改进情形下单个供应商的协调机制。通过对比批发价格契约和收益共享契约下的潜在收益，得到了在采用补偿机制情况下的分散式供应链协调机制。Chakraborty 等（2015）构建了随机需求下两个互相竞争的制造商和一个零售商组成的供应链报童模型，以收益共享契约为基础，分别求解由零售商或制造商主导的 Stackelberg 博弈模型，发现收益共享契约能实现供应链的协调。Arani 等（2016）研究由一个零售商和一个制造商构成的两级供应链，设计了看涨期权和收益共享契约构成的混合契约来协调供应链。通过博弈论方法，对考虑瞬时购买和短缺惩罚机制的不同情况进行了建模，得到纳什均衡的订单数量和产量。结果证明混合契约优于批发价格契约和基本期权契约。但斌和徐广业（2013）、代建生和孟卫东（2014）、王先甲等（2017）基于收益共享契约对供应链协调问题进行了分析，并提出了集中式决策下双渠道供应链的市场价格与整体利润，以及分散式决策下批发价格契约与收益共享契约的设计方法。

2.3.3 回购契约

回购契约，又称退货契约，即零售商根据事先约定的信用策略，将未售完的产品退还给制造商的契约。

自 Pasternaek（1985）研究回购契约对供应链的影响之后，Emmons 和 Gilbert（1998）、Kandel（1996）以及 Weng（2000）相继研究了两级供应链的回购契约问题。Shen 和 Willems（2012）研究了在零售商拥有成本信息时，通过回购契约实现供应链协调，同时最大化制造商的期望收益，结果表明制造商和零售商在供应链协调的情形下都能获得更多的收益。Jing（2011）研究了存在退货行为和基于价格随机需求背景下，由单制造商与单零售商组成的分散式供应链的协调问题。对未售出商品和退货产品分别制定回购价格，结果表明两种回购价格契约能够实现完美的供应链协调。Zhao 等（2016）构建了单制造商与单零售商组成的两级供应链，着重分析了市场需求的不确定水平对回购契约在供应链管理中适用性的影响。研究发现只有在特定的不确定水平下，回购契约对供应商、零售商和供应链系统是有利的。Zhang 等（2014）基于单周期的报童模型，用模糊随机变数来表示不确定需求，设计了一个回购契约来协调两级供应链，并给出了实现供应链协调时的参数条件。Zhang 等（2015）讨论了消费者环境意识对单制造商和单零售商组成的供应链中的订单数量与渠道选择的影响，研究结果表明回购契约可以在分散式供应链中帮助双方实现在集中式供应链下的预期利润。

2.3.4 数量柔性契约

数量柔性契约是指制造商允许零售商在观察市场需求之后改变最初订货量的协议。通常零售商在销售季节前给出一个产品订货量，供应商根据这个订货量组织生产，当零售商知道市场实际需求之后，可以根据实际情况重新调整订货量。

已有不少学者从不同角度探讨了供应链合作模式下利用契约解决订货数量可变动的问题。Pasternack（1985）基于报童模型从允许退货的情景下研究了供应链合作的柔性契约设计的问题。Bassok 和 Anupindi（1997）对单一产品、最小担保订货量的供应链柔性契约进行了研究，并得出了买方最优采购政策。Lariviere（1999）建立了单周期数量柔性契约模型；Tsay（1999）把单周期模型拓展到多周期销售情况中，建立了多周期数量柔性契约模型；随后，他提出了更为复杂的数量柔性契约模型，基于需求预测更新，考虑多级、多周期供应链模式，探讨了数量柔性契约对供应链绩效的影响。Cachon 和 Lariviere（2001）研究了包含固定条款和选择条款的供应链柔性契约对实现供应链信息共享与协调的影响。Eppen 和 Iyer（1997）、Wu（2005）和陈旭（2005）进一步讨论了信息更新下的供应链柔性契约问题。胡本勇等（2007）研究了在随机市场需求环境下，易逝品供应链的契约合作数量柔性契约设计问题，建立了两种不同期权模式的柔性契约模型，对比分析了这两种情况下销售商的订货量和供应链最优订货量的差异。Chung 等（2014）设计了一种新的契约，结合了数量柔性机制和价格折扣激励，买方不承担对预测的全部责任，但供应商保证了预测数量和额外缓冲库存的可用性。研究表明，该契约能够实现供应链的协调；同时，满足一定条件时，双方均可从该契约中收益。刘浪等（2016）研究了存在突发事件情境下的供应链协调问题，分别建立了市场价格稳定不变与随机波动两种情况下的应急数量柔性契约模型。研究结果证明：当弹性系数为常量时，一定条件下供应链能应对两种情景下的突发事件并实现协调，且存在唯一的最优订货策略；当弹性系数为变量时，两种情景下的供应链均不存在唯一的最优订货策略，但存在唯一的最优供货策略，此时契约下可变分成系数的改变不会影响供应链期望收益。张琳等（2017）基于突发事件导致的巨大物资需求背景和数量柔性契约构建了物资企业双储备应急物资采购模型，在物资企业可以选择生产形式（常规生产和加急生产）的情况下，分析了政府的最优补贴政策和物资企业的双储备决策。

2.3.5　价格折扣契约

价格折扣契约指制造商的批发价格和回购价格分别与产品零售价格的变化量为预先约定的线性或非线性函数关系。

Bernstein 和 Federgruen（2005）结合批发价格契约与回购契约的优势，提出了价格折扣契约。Chen（2011）基于报童模型，采用批发价格折扣契约研究了由制造商和零售商构成的两级供应链协调问题。建立以制造商为主导的 Stackelberg 博弈模型，研究表明，批发价格折扣契约可以提高制造商和零售商的利润以及提高供应链效率。王旭等（2012）针对零售商从制造商取得商品后进行销售，负责回收客户退回的商品并转交制造商进行处理的模式下的闭环供应链，分析了价格折扣契约对闭环供应链的协调作用，在此基础上考虑突发事件的随机性，提出了具有抗突发事件性的价格折扣契约，使之实现对突发事件的协调应对。胡劲松和王虹（2007）针对一个供应商、制造商和零售商构成的三级供应链，考虑需求具有随机性，探讨了突发事件对三级供应链的影响，同时改进了价格折扣契约，使之具有抗突发事件性。Xu 等（2018）在强制性碳排放背景下构建了双渠道的供应链模型，分析了集中和分散式供应链的最优定价决策与利润，设计了在线渠道价格折扣和线下渠道价格折扣契约以协调供应链，并提出价格折扣契约可以成为协调双渠道供应链的条件。

在供应链协调方面，尽管现有的研究从批发价格契约、收益共享契约、回购契约以及其他混合契约方面做了大量有意义的工作，但很少有研究基于供应链契约协调理论来考虑采用 RFID 技术后，供应链成员之间如何协调 RFID 技术应用的成本以及收益问题。而随着物联网被列入我国重点关注的战略性行业，RFID 技术更加成熟，其在供应链管理中的应用将是必然趋势。因此，如何将供应链契约理论引入 RFID 技术的推广中，促进 RFID 技术在供应链上的应用，同时实现供应链协调是一个亟待研究的领域。

2.4　基于 RFID 技术的供应链优化决策

2.4.1　RFID 技术的投资决策

RFID 技术产生的巨额投资成本让很多企业望而却步。目前除了期待技术创新使 RFID 技术的应用成本降低，如何进行 RFID 技术的投资决策以及合理分摊 RFID 技术的应用成本是企业 RFID 技术应用的关键问题。

Kim 和 Glock（2014）开发了一个基于 RFID 技术的随机集装箱系统，分析了 RFID 技术采用的可行性。Cui 等（2014）构建了一个随机需求下的联合补货的 RFID 技术投资评估模型，认为如果将 RFID 技术投资规模控制在适当的范围内，RFID 技术应用将为企业带来巨大的收益。郑新明等（2012）构建了 RFID 技术在供应链联盟中的成本分摊模型，案例分析了某医药集团的 RFID 技术应用，结果表明合理的成本分摊方案有利于促进 RFID 技术在供应链上的推广。Ustundag（2010）针对三级供应链，构建了 RFID 技术投资的净现值（net present value，NPV）模型。针对两种标签成本分摊方案分别计算零售商、分销商和制造商的 NPV，然后决策 RFID 技术的投资策略。Aiello 等（2015）评价了 RFID 技术可追溯性系统在果蔬易腐产品供应链中实施的期望收益，优化了供应链的利润。Dimakopoulou 等（2014）考虑公司之间流通产品的不同特征以及 RFID 技术投资成本的不可逆性，构建了 RFID 技术投资时机的模型。李琳和范体军（2014）考虑 RFID 技术的应用对生鲜农产品流通过程中双重损耗的影响，构建了两阶段生鲜农产品供应链的利润模型，分析了供应链成员在 RFID 技术投资、定价及订货方面的决策。Selwyn 等（2014）针对便宜和昂贵商品采用物品级 RFID 标签，研究了 RFID 技术应用对零售商利润的影响。他们认为：在某些条件下，即使物品成本低于 RFID 单位标签成本，RFID 技术应用也能为零售商带来显著收益。

Kök 和 Shang（2014）分析了库存不准确对供应链周期盘点策略的影响，探讨了其对供应链 RFID 技术投资决策的影响。但斌等（2012）针对易逝品供应链库存数据不准确的问题，考虑采用 RFID 技术和不采用 RFID 技术两种情形，建立了集中和分散式供应链下零售商与供应商的订货决策模型，分析和比较了采用 RFID 技术前后的最优收益变化。但以上研究没有考虑库存不准确类型。

陶峰等（2016）考虑由零售商主导的两个供应商和一个零售商组成的竞争型供应链，针对两个供应商均不投资 RFID 技术、只有一个供应商投资 RFID 技术以及两个供应商同时投资 RFID 技术三种情形，对比分析了 RFID 技术的投资决策。杨惠霄和张李浩（2014）针对单制造商和两零售商组成的两级供应链，探讨了一对多供应链中 RFID 技术的投资决策问题。张李浩等（2017）针对单制造商和双寡头竞争零售商组成的分散式供应链，考虑链上成员不投资 RFID 技术（N 情景）、零售商 1 投资 RFID 技术（L 情景）、零售商 2 投资 RFID 技术（F 情景）及链上成员均投资 RFID 技术（T 情景）四种情景，构建了相应的收益模型，探讨了链上成员 RFID 技术的投资均衡策略。Camdereli 和 Swaminathan（2010）考虑需求不确定情境下的库存错放问题，分析了集中和分散式供应链下 RFID 技术实施的可行性。Tao 等（2017）考虑了订单的履约率、RFID 标签成本以及 RFID 技术的效率等因素，分析了零售商应用 RFID 技术前后的订货决策和收益的变化，并进一步讨论了各因素对订货策略和收益的影响。Wang 等（2018）采用风险条件值（conditional value at risk，CVaR）准则来衡量零售商的风险态度，研究了集中和分散式供应链下 RFID 技术的投资决策。张李浩和杨斌（2016）针对库存耗损产生的库存不准确问题，考虑分散式供应链成员是否投资 RFID 技术，分三种情景：供应链成员均不投资 RFID 技术（N 情景）、仅制造商和一个零售商投资 RFID 技术（S 情景）以及供应链成员均投资 RFID 技术（T 情景），构建了单制造商与两零售商的收益模型，并探讨了链上成员 RFID 技术的投资策略。张李浩等（2015b）和 Tao 等（2017）基于报童模型，同时考虑了库存损耗和库存错放两种库存不准确类型，研究了 RFID 技术的投资决策问题。

2.4.2 基于 RFID 技术的供应链协调

RFID 技术在零售供应链的应用改变了供应链成员的利润和成本结构，给供应链协调带来了新的挑战。许多学者针对这一协调问题展开了研究。

范体军等（2013b）设计回购契约对投资 RFID 技术后的分散式供应链进行协

调，对两种情形下协调前后的供应链中各成员利润的对比和分析结果表明，回购契约能有效协调应用 RFID 技术的供应链。张李浩和胡继灵（2013）针对 VMI 下的两级供应链，假设提前期与需求预测误差存在线性关系，采用报童模型建立了提前期压缩与供应链收益的关系模型，分析了供应商采用 RFID 技术缩短提前期对供应链及其成员收益的影响，并证明供应商采用批发价格协调策略或零售商采用线性转移支付策略均可实现供应链成员收益的帕累托改进。Zhang 等（2014）分析了零售供应链中由于库存错放和交货期问题导致的不同服务水平下的供应链协调问题，采用线性转移支付策略来协调分散式供应链。Cui 等（2016）针对一个零售商和两个供应商组成的供应链，考虑不同类型 RFID 技术追踪物品具有不同的技术特征，探讨了 RFID 技术应用降低库存不准确的不同效果，认为 RFID 技术不仅可以降低库存不准确，也能促进供应链协调。但斌等（2012）建立了 RFID 技术应用的供应链协调模型，提出了上下游企业达到协调的条件。杨惠霄和张李浩（2014）设计了数量折扣契约和两部定价契约，实现了分散式决策供应链投资 RFID 技术的协调，认为单独的数量折扣合同不能实现供应链的协调。范体军等（2013a）和张李浩等（2015b）认为收益共享契约能有效地协调采用 RFID 技术后的供应链，实现供应链成员的共赢。其中，范体军等（2013a）发现采用 RFID 技术后，协调供应链下的收益共享契约可执行区域被缩小。张李浩等（2015a）认为两部定价契约能协调 RFID 技术采用前后的供应链，但是采用 RFID 技术后契约的批发价格参数变大，固定费用参数区间的上下界及范围均与 RFID 标签成本负相关。Lei 等（2018）考虑 RFID 技术消除了库存不准确的影响，研究了 Stackelberg 博弈模型下的分散式供应链收益共享契约协调机制，求解了对应的合同参数，实现了供应链的协调。Wang 和 Chan（2015）评估了基于 RFID 技术的快速反应系统对医院、供应商和整个供应链的预期利润与风险水平的影响，提出了相应策略实现供应链的协调。Feng 等（2014）研究了零售商利用激励契约引导供应商采用 RFID 技术，达到供应链的协调，但其没有考虑供应链的协调问题。

第 3 章　价格外生的零售供应链 RFID 技术投资决策研究

3.1　基于 RFID 技术的固定价格情形集中式供应链决策

3.1.1　问题描述

针对一个零售供应链同时存在库存错放和库存损耗的情形，考虑采用 RFID 技术只能部分解决库存损耗问题，分析 RFID 技术投入成本对供应链利润的影响。

为此，当零售商投资 RFID 技术时，假定每个单品均嵌入 RFID 标签。RFID 技术在供应链实际应用中，RFID 标签的读取率还不能达到 100%。假定投资 RFID 技术之后库存错放问题能够完全消除，但库存损耗问题只能部分消除。当零售商向制造商下达订单时，库存商品错放率和库存商品损耗率分别是 β 和 α。设 RFID 技术损耗改进率为 δ，因此，投资 RFID 技术之后的库存损耗比例降为 $(1-\delta)\alpha$，此时供应链中总的可销售比例为 $1-(1-\delta)\alpha$。在投资 RFID 技术前后，集中式零售供应链库存不准确问题的具体情况如图 3.1 所示。

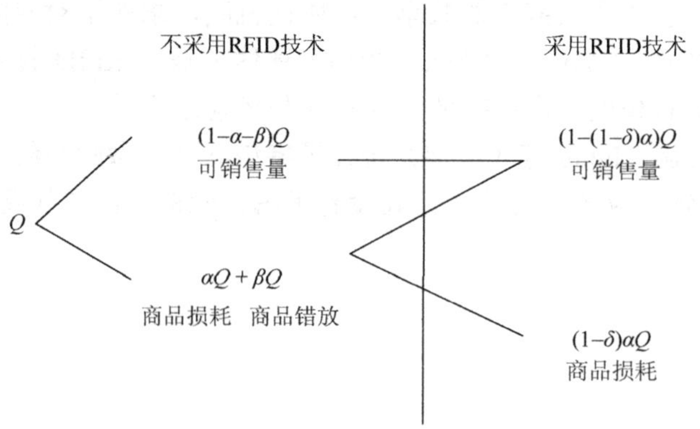

图 3.1　投资 RFID 技术前后集中式零售供应链中库存不准确问题的具体情况

3.1.2　模型构建

1. 模型参数

模型的参数如表 3.1 所示。

表 3.1　模型参数设定

参数	参数定义
r	商品单位零售价格
g	单位商品缺货供应链的损失
g_R	单位商品缺货零售商的损失
g_M	单位商品缺货制造商的损失
c	单位商品边际生产成本
s	单位商品回收残值
x	商品需求的随机变量
$f(x)$	商品需求的概率密度函数
$F(x)$	商品需求的概率分布函数
Q	零售商商品订货量
α	库存商品损耗率
β	库存商品错放率
t	RFID 技术的变动标签成本
K	RFID 技术的固定成本
δ	RFID 技术损耗改进率
w	制造商确定的单位批发价格
φ	制造商获得的零售商收益比例
b	单位商品回购价格

2. 模型构建及性质分析

根据零售商是否采用 RFID 技术解决库存不准确问题，分别分析采用 RFID 技术前后零售供应链的最优决策，进而分析 RFID 技术的成本收益。

首先，考虑零售商不采用 RFID 技术的情形，此时零售商总的可销售率为 $\lambda=1-\alpha-\beta$。考虑缺货损失，假定错放的商品 βQ_{ina} 在销售期末回收残值，损耗的商品 αQ_{ina} 直接导致库存损失。为了保证制造商与零售商均有机会获得收益，假定 $s<c<r$。根据报童模型，集中式供应链的期望收益可表示为

$$
\begin{aligned}
\pi_{\text{ina}} = {} & r\left(\int_0^{+\infty} x\mathrm{d}F(x) + \int_{\lambda Q_{\text{ina}}}^{+\infty} (\lambda Q_{\text{ina}} - x)\mathrm{d}F(x)\right) \\
& + s\left(\int_0^{\lambda Q_{\text{ina}}} (\lambda Q_{\text{ina}} - x)\mathrm{d}F(x) + \beta Q_{\text{ina}}\right) \\
& - g\int_{\lambda Q_{\text{ina}}}^{+\infty} (x - \lambda Q_{\text{ina}})\mathrm{d}F(x) - cQ_{\text{ina}}
\end{aligned} \tag{3-1}
$$

可以看到，集中式供应链的期望收益由四部分组成：第一部分表示当期销售收入；第二部分表示缺货损失；第三部分表示销售期末回收残值；第四部分表示生产成本。

上述期望收益函数是改进的报童模型，由于库存错放和损耗问题导致总订单满足率降低，所以边际生产成本增加。根据供应链的期望收益关于订货量的一阶导数 $\frac{\partial \pi_{\text{ina}}}{\partial Q_{\text{ina}}^*}=(r+g)\lambda+s\beta-c-(r+g-s)F(\lambda Q_{\text{ina}})=0$，以及期望收益关于订货量的二阶导数 $\frac{\partial^2 \pi_{\text{ina}}}{\partial {Q_{\text{ina}}^*}^2}=(s-r-g)\lambda f(\lambda Q_{\text{ina}})<0$，得到零售商唯一的最优订货量为

$$Q_{\text{ina}}^*=\frac{1}{\lambda}F^{-1}\left(1-\frac{c-s(1-\alpha)}{\lambda(r+g-s)}\right) \tag{3-2}$$

然后，进一步考虑零售商采用 RFID 技术解决库存不准确问题，但由于库存错放和损耗的特殊性，在采用 RFID 技术之后，错放问题完全消除，但损耗只能降低至一定比例且损耗比例降为$(1-\delta)\alpha$，此时供应链可销售的商品数量为$(1-(1-\delta)\alpha)Q_{\text{ina,RF}}$。同时考虑采用 RFID 技术需要固定成本 K 和变动标签成本 t，集中式供应链的期望收益可表示为

$$\begin{aligned}\pi_{\text{ina,RF}}=&r\int_0^{+\infty}x\mathrm{d}F(x)-(c+t)Q_{\text{ina,RF}}-K\\&+(r+g)\int_{(1-(1-\delta)\alpha)Q_{\text{ina,RF}}}^{+\infty}((1-(1-\delta)\alpha)Q_{\text{ina,RF}}-x)\mathrm{d}F(x)\\&+s\int_0^{(1-(1-\delta)\alpha)Q_{\text{ina,RF}}}((1-(1-\delta)\alpha)Q_{\text{ina,RF}}-x)\mathrm{d}F(x)\end{aligned} \tag{3-3}$$

可以看到，采用 RFID 技术之后库存商品错放问题得到完全解决，库存商品损耗率降为$(1-\delta)\alpha$，此时，增加了 RFID 技术的标签成本和固定成本。通过零售商的期望收益对订货量求导数，同理可以得到唯一的最优订货量为

$$Q_{\text{ina,RF}}^*=\frac{1}{1-(1-\delta)\alpha}F^{-1}\left(1-\frac{c+t-s(1-(1-\delta)\alpha)}{(r+g-s)(1-(1-\delta)\alpha)}\right) \tag{3-4}$$

当 RFID 技术的变动标签成本 t 满足 $t<(r+g)(1-(1-\delta)\alpha)-c$ 时，零售商的订货量 $Q_{\text{ina,RF}}^*>0$。

为了便于分析同时又不影响结果的有效性，假设需求服从均匀分布$[0,\overline{\gamma}]$，采用 RFID 技术前后零售商最优订货量分别为 $Q_{\text{ina}}^*=\frac{\overline{\gamma}}{\lambda}\left(1-\frac{c-s(1-\alpha)}{\lambda(r+g-s)}\right)$ 和 $Q_{\text{ina,RF}}^*=\frac{\overline{\gamma}}{1-(1-\delta)\alpha}\left(1-\frac{c+t-s(1-(1-\delta)\alpha)}{(r+g-s)(1-(1-\delta)\alpha)}\right)$。通过对比两种情形下的最优订货量，重点

分析 RFID 技术损耗改进率 δ 和 RFID 技术的变动标签成本 t 对最优订货量的影响。通过分析得到如下结论。

性质 3.1：（1）当 $Q_{\text{ina}}^*, Q_{\text{ina,RF}}^* > 0$ 时，存在关于 RFID 技术损耗改进率的临界值 $\underline{\delta}_{\text{ina}}$，使得当 $\delta \geqslant \underline{\delta}_{\text{ina}}$ 时，$Q_{\text{ina,RF}}^* \leqslant Q_{\text{ina}}^*$。这说明在采用 RFID 技术的情形下零售商最优订货量较低，库存平均水平和库存成本也会降低。

（2）当 $Q_{\text{ina}}^*, Q_{\text{ina,RF}}^* > 0$ 时，$Q_{\text{ina,RF}}^*$ 是关于变动标签成本 t 的减函数，且存在关于 RFID 技术的变动标签成本的临界值 $\underline{t}_{\text{ina}}$，使得当 $t \geqslant \underline{t}_{\text{ina}}$ 时，$Q_{\text{ina,RF}}^* \leqslant Q_{\text{ina}}^*$。同理，在采用 RFID 技术的情形下零售商最优订货量较低。当 RFID 损耗改进率 δ 满足 $\delta \leqslant \underline{\delta}_{\text{ina}}$，且 RFID 技术的变动标签成本的临界值大于零，即 $\underline{t}_{\text{ina}} > 0$ 时，零售商才会有采用 RFID 技术的意愿。

根据性质 3.1 可知，采用 RFID 技术能够完全消除库存错放问题，并部分解决库存损耗问题，带来库存量的提高。进而得到，当 RFID 损耗改进率达到临界值 $\underline{\delta}_{\text{ina}}$ 时，采用 RFID 技术前后两种情形的最优订货量相等，即 $Q_{\text{ina,RF}}^* = Q_{\text{ina}}^*$。当 RFID 损耗改进率大于其临界值 $\delta \geqslant \underline{\delta}_{\text{ina}}$ 时，在采用 RFID 技术的情形下零售商的最优订货量能有效降低，即 $Q_{\text{ina,RF}}^* \leqslant Q_{\text{ina}}^*$，通过采用 RFID 技术解决库存不准确问题使零售商能够更准确地掌握库存情况。同时，最优订货量是关于 RFID 标签成本的减函数，此时得到了 RFID 标签成本的临界值，当 RFID 技术的变动标签成本大于其临界值 $t \geqslant \underline{t}_{\text{ina}}$ 时，在采用 RFID 技术的情形下零售商订货量下降。此外，RFID 技术的变动标签成本与 RFID 技术损耗改进率是负相关的，只有当 RFID 技术损耗改进率小于临界值且 RFID 标签成本临界值 $\underline{t}_{\text{ina}} > 0$ 时，零售商才会考虑采用 RFID 技术解决库存不准确问题。

在同时考虑库存错放和库存损耗问题时，零售商希望通过采用 RFID 技术来获得更多的期望收益。进一步分析采用 RFID 技术前后集中式供应链的期望收益的变化，以及 RFID 技术损耗改进率、RFID 标签成本、RFID 技术的固定成本等变量对供应链收益的影响，并对 RFID 技术的成本效益进行分析得到性质 3.2。

性质 3.2：（1）存在关于 RFID 技术损耗改进率的临界值 $\underline{\delta}_{\text{ina}}$，当 RFID 技术损耗改进率满足 $\delta \geqslant \underline{\delta}_{\text{ina}}$ 时，集中式供应链在采用 RFID 技术情形下的期望收益大于不采用 RFID 技术的情形，即 $\pi_{\text{ina,RF}}(Q_{\text{ina,RF}}^*) \geqslant \pi_{\text{ina}}(Q_{\text{ina}}^*)$。

（2）当 RFID 技术的固定成本 K 取定值时，存在 RFID 技术的变动标签成本的临界值 $\underline{t}_{\text{ina}}$，当标签成本满足 $t \leqslant \underline{t}_{\text{ina}}$ 时，集中式供应链在采用 RFID 技术的情形下能够获得更多的收益，即 $\pi_{\text{ina,RF}}(Q_{\text{ina,RF}}^*) \geqslant \pi_{\text{ina}}(Q_{\text{ina}}^*)$。当 RFID 技术的变动标签成本 t 取定值时，存在 RFID 技术的固定成本的临界值 $\underline{K}_{\text{ina}}$，当且仅当固定成本满足 $K < \underline{K}_{\text{ina}}$ 时，$\pi_{\text{ina,RF}}(Q_{\text{ina,RF}}^*) \geqslant \pi_{\text{ina}}(Q_{\text{ina}}^*)$。

性质 3.2 给出了关于 RFID 技术损耗改进率的临界值，当 RFID 技术损耗改进率高于该临界值时，在采用 RFID 技术的情形下零售商能够获得更多的收益。此外，对零售商采用 RFID 技术进行成本效益分析，在将 RFID 技术的一类成本设为固定值时，可得到关于另一类成本的临界值，如当 RFID 变动标签成本低于其临界值时，零售商会选择采用 RFID 技术，因为采用 RFID 技术能够提高其期望收益。同理，当 RFID 技术固定成本低于其临界值时，零售商才会采用 RFID 技术解决库存错放和损耗等库存不准确问题。

3. 算例分析

假设在制造商与零售商组成的集中式供应链中，供应链系统确定最优订货量及进行 RFID 技术投资决策。设定商品需求满足均匀分布[0,1000]，相关参数满足 $r=10, c=2, s=1, g=3, \alpha=\beta=0.2$ 。利用 MATLAB2007b 计算得到 RFID 技术损耗改进率、变动标签成本对最优订货量的影响情况，结果如图 3.2 所示。当 RFID 变动标签成本 $t=0.1$ 时，采用 RFID 技术之后的最优订货量明显低于采用 RFID 技术之前的最优订货量。因为通过 RFID 技术完全解决库存错放问题和部分解决库存损耗问题，提高了库存可销售量，从而有效地降低了平均库存水平。同时，采用 RFID 技术后的最优订货量随 RFID 技术损耗改进率的增加逐渐降低。当 RFID 技术损耗改进率满足 $\delta=0.5$ 时，采用 RFID 技术后的最优订货量明显降低，并随 RFID 变动标签成本的增加而降低。

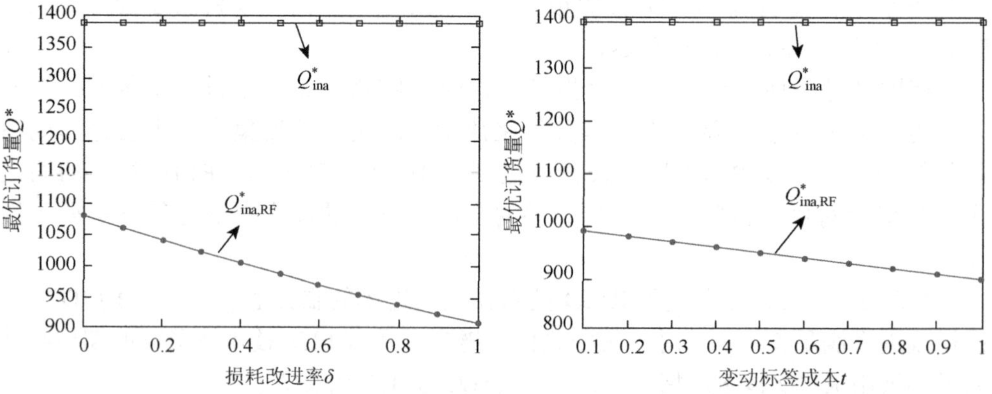

图 3.2　RFID 技术损耗改进率、变动标签成本对最优订货量的影响情况

利用相同的方法得到 RFID 技术损耗改进率、变动标签成本对零售商期望收益的影响情况，结果如图 3.3 所示。当 RFID 变动标签成本 $t=0.1$ 时，采用 RFID 技术之后的期望收益明显增加，并随着 RFID 技术损耗改进率的增加而增加。同样，当 RFID 技术损耗改进率满足 $\delta=0.5$ 时，采用 RFID 技术之后的期望收益明

显增加，并且存在关于变动标签成本的临界值，只有当变动标签成本小于临界值时，零售商采用 RFID 技术才能获得更多的期望收益。

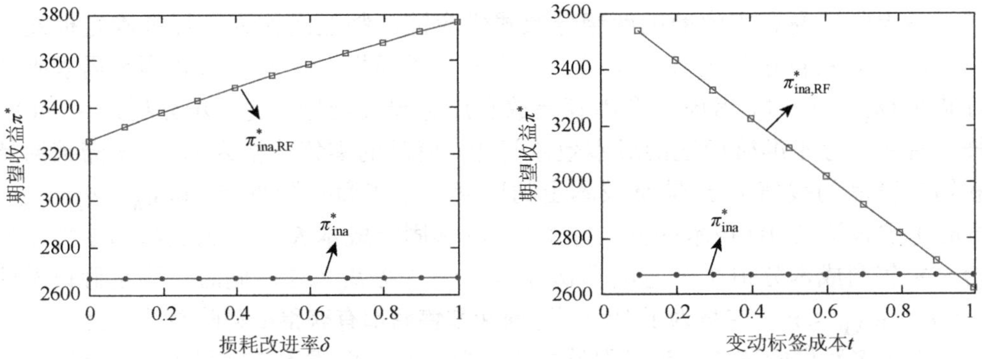

图 3.3　RFID 技术损耗改进率、变动标签成本对零售商期望收益的影响情况

为了对比集中式供应链期望收益关于库存错放率和库存损耗率的变化情况，对采用 RFID 技术前后供应链期望收益进行对比分析。如图 3.4 所示，根据均匀分布的性质，只有在库存错放或损耗时订单满足率低于各自临界值的情况下，零售商采用 RFID 技术才能提高期望收益。所以，库存错放率、库存损耗率、RFID 技术损耗改进率、RFID 技术的固定成本和 RFID 技术的变动标签成本共同决定 RFID 技术的成本效益，进而决定零售商关于采用 RFID 技术的决策。

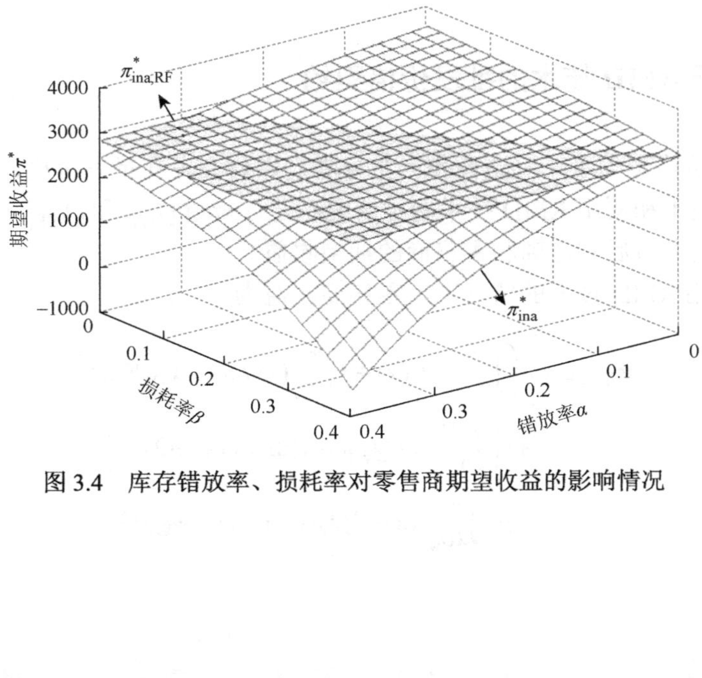

图 3.4　库存错放率、损耗率对零售商期望收益的影响情况

3.2 基于 RFID 技术的固定价格情形分散式零售供应链决策

考虑制造商和零售商的两级分散式供应链，制造商作为主导者确定批发价格 w_{WP}，零售价格作为外生变量，零售商只需要根据批发价格和顾客需求确定订货量 Q_{WP}。同时，考虑存在库存错放和库存损耗问题，进一步分析采用 RFID 技术解决库存不准确问题的成本效益问题。商品的零售价格为 r，期末滞销商品和错放商品的残值为 s，缺货成本由制造商和零售商共同承担，即 $g_R+g_M=g$。同时考虑投资 RFID 技术的变动标签成本 t 和固定成本 K 均由制造商和零售商分担，零售商成本分担比例为 θ_t 和 θ_K，其中 $0\leqslant\theta_t,\theta_K\leqslant 1$。同时，满足假设条件 $s<c<w_{\mathrm{WP}}<r$，这是为了保证制造商和零售商都有获得期望收益的机会。

在大多数供应链中，为了保持核心竞争力和实现成本效益最大化，制造商与零售商通常单独进行决策。由于在双重边际问题存在的情况下，它们的自身最优决策通常只能实现整个供应链的次优结果。作为一种有效的供应链协调方式，通过供应链契约实现供应链成员各自的目标和整个供应链的协调目标的统一。在“合适”的供应链契约情形下，制造商通过供应链契约促使零售商确定的最优订货量也是供应链总体收益最大的最优订货量。

在固定价格情形下，批发价格契约不能实现供应链的协调，进一步考虑通过收益共享契约和回购契约来实现供应链协调，并通过仿真实验分析各种契约情形下的供应链整体收益情况。同时，分析 RFID 技术在库存不准确问题中的应用对供应链协调的影响，以及分析投资 RFID 技术的成本效益。

3.2.1 基于 RFID 技术的批发价格契约

在批发价格契约下，制造商作为主导者向零售商发布批发价格，分零售商不采用 RFID 技术和采用 RFID 技术两种情况确定订货量 Q_{WP} 和 $Q_{\mathrm{WP,RF}}$，分别得到采用 RFID 技术前后制造商和零售商的期望收益。

在不采用 RFID 技术的情况下，零售商收益为

$$\begin{aligned}\pi_{R,\mathrm{WP}}=&r\left(\int_0^{+\infty}x\mathrm{d}F(x)+\int_{\lambda Q_{\mathrm{WP}}}^{+\infty}(\lambda Q_{\mathrm{WP}}-x)\mathrm{d}F(x)\right)\\&+s\left(\int_0^{\lambda Q_{\mathrm{WP}}}(\lambda Q_{\mathrm{WP}}-x)\mathrm{d}F(x)+\beta Q_{\mathrm{WP}}\right)\\&-g_R\int_{\lambda Q_{\mathrm{WP}}}^{+\infty}(x-\lambda Q_{\mathrm{WP}})\mathrm{d}F(x)-w_{\mathrm{WP}}Q_{\mathrm{WP}}\end{aligned}\tag{3-5}$$

在分散式供应链中，零售商需要决策最优订货量 $Q_{\mathrm{WP}}=\mathrm{argmax}Q_{\mathrm{WP}}\pi_{R,\mathrm{WP}}$，制造商需要决定最优批发价格 $w_{\mathrm{WP}}=\mathrm{argmax}w_{\mathrm{WP}}\pi_{M,\mathrm{WP}}$。

求式（3-5）关于 Q_{WP} 的二阶导数，可得

$$\frac{\partial^2\pi_{R,\mathrm{WP}}}{\partial Q_{\mathrm{WP}}^2}\leqslant 0 \tag{3-6}$$

因此，可以通过最优化求解得到在同时存在库存错放和库存损耗情形下的唯一批发价格与最优订货量，具体如下：

$$w_{\mathrm{WP}}^*=\frac{(r+g_R-s)(\lambda(r+g_R-s)+c)+s(r+g-s)(1-\alpha)}{2(r+g_R-s)+g_M} \tag{3-7}$$

$$Q_{\mathrm{WP}}^*=\frac{r+g-s}{\lambda(2(r+g_R-s)+g_M)}F^{-1}\left(\frac{\lambda(r+g)-c+s\beta}{\lambda(r+g-s)}\right) \tag{3-8}$$

在零售商采用 RFID 技术的情形下，零售商库存错放完全消除，同时库存损耗有效降低，库存效率有效提高，但考虑投资 RFID 技术需要固定成本和变动标签成本的投入，在分散式供应链情形下，RFID 技术的固定成本和变动标签成本在制造商和零售商之间进行分摊，从而制造商和零售商的收益函数表示为

$$\begin{aligned}\pi_{M,\mathrm{WP,RF}}&=w_{\mathrm{WP,RF}}Q_{\mathrm{WP,RF}}-(c+(1-\theta_t)t)Q_{\mathrm{WP,RF}}-(1-\theta_K)K\\&\quad-g_M\int_{(1-(1-\delta)\alpha)Q_{\mathrm{WP,RF}}}^{+\infty}(x-(1-(1-\delta)\alpha)Q_{\mathrm{WP,RF}})\mathrm{d}F(x)\end{aligned} \tag{3-9}$$

$$\begin{aligned}\pi_{R,\mathrm{WP,RF}}&=r\int_0^{+\infty}x\mathrm{d}F(x)-(w_{D,\mathrm{RF}}+\theta_t t)Q_{\mathrm{WP,RF}}-\theta_K K\\&\quad+(r+g_R)\int_{(1-(1-\delta)\alpha)Q_{\mathrm{WP,RF}}}^{+\infty}((1-(1-\delta)\alpha)Q_{\mathrm{WP,RF}}-x)\mathrm{d}F(x)\\&\quad+s\int_0^{(1-(1-\delta)\alpha)Q_{\mathrm{WP,RF}}}((1-(1-\delta)\alpha)Q_{\mathrm{WP,RF}}-x)\mathrm{d}F(x)\end{aligned} \tag{3-10}$$

先求出式（3-9）和式（3-10）分别关于 $Q_{D,\mathrm{WP,RF}}$ 和 $w_{D,\mathrm{WP,RF}}$ 的二阶导数，可得

$$\frac{\partial^2\pi_{R,\mathrm{WP,RF}}}{\partial {Q_{D,\mathrm{WP,RF}}}^2}\leqslant 0,\quad \frac{\partial^2\pi_{M,\mathrm{WP,RF}}}{\partial {w_{D,\mathrm{WP,RF}}}^2}\leqslant 0$$

分别对零售商和制造商的收益函数关于订货量求导数，可得采用 RFID 技术时制造商的最优批发价格与零售商的最优订货量如下：

$$w^*_{D,\text{WP,RF}} = (r+g_R)(1-(1-\delta)\alpha)-\theta_t t - \frac{(r+g_R-s)((r+g)(1-(1-\delta)\alpha)-c-t)}{2(r+g_R-s)+g_M} \tag{3-11}$$

$$Q^*_{D,\text{WP,RF}} = \frac{(r+g-s)F^{-1}\left(\dfrac{(r+g)(1-(1-\delta)\alpha)-c-t}{(1-(1-\delta)\alpha)(r+g-s)}\right)}{(2(r+g_R-s)+g_M)(1-(1-\delta)\alpha)} \tag{3-12}$$

当 RFID 标签成本 $t<(r+g)(1-(1-\delta)\alpha)-c$ 时，采用 RFID 技术时零售商的最优订货量 $Q^*_{D,\text{WP,RF}}>0$。

由于投资 RFID 技术一方面减少了库存不准确问题出现的概率，另一方面增加了 RFID 技术固定成本和变动标签成本投入，所以有必要对投资 RFID 技术进行成本效益分析。投资 RFID 技术的成本效益分析主要通过对比投资 RFID 技术前后零售商和制造商的收益，从而对 RFID 技术的标签成本、固定成本和成本分摊比率进行临界值分析，分别得出零售商和制造商投资 RFID 技术的激励条件。

在需求满足均匀分布时，即 $x\in U[0,\overline{\gamma}]$，令 $\text{inc}^*_{R,\text{WP}}(\theta_t,\theta_k)=\pi_{R,\text{RF}}(Q^*_{\text{WP,RF}})-\pi_R(Q^*_{\text{WP}})$ 和 $\text{inc}^*_{M,\text{WP}}(\theta_t,\theta_k)=\pi_{M,\text{RF}}(w^*_{\text{WP,RF}})-\pi_M(w^*_{\text{WP}})$，分别表示零售商和制造商通过投资 RFID 技术获得的收益，其中 θ_t,θ_k 分别是投资 RFID 技术的零售商的变动标签成本和固定成本分摊比率，且满足 $0\leqslant\theta_t,\theta_k\leqslant 1$，通过分析得到性质 3.3。

性质 3.3：（1）当投资 RFID 技术的固定成本 K 为固定值保持不变，变动标签成本 $t<t^*_{\text{WP},R}$ 时，$\text{inc}^*_{R,\text{WP}}(\theta_t,\theta_k)>0$，即零售商投资 RFID 技术将获得正收益，同理，当满足条件 $t<t^*_{\text{WP},M}$ 时，$\text{inc}^*_{M,\text{WP}}(\theta_t,\theta_k)>0$，即制造商通过投资 RFID 技术将获得正收益，所以 $t<t^*_{\text{WP},i}$ 是分散式供应链成员投资 RFID 技术的激励条件，其中 $i\in\{R,M\}$。

（2）当投资 RFID 技术的变动标签成本 t 为固定值保持不变，固定成本 K 满足 $K<K^*_{\text{WP},R}$ 时，$\text{inc}^*_{R,\text{WP}}(\theta_t,\theta_k)>0$，即零售商投资 RFID 技术将获得正收益，同理，当满足条件 $K<K^*_{\text{WP},M}$ 时，$\text{inc}^*_{M,\text{WP}}(\theta_t,\theta_k)>0$，即制造商通过投资 RFID 技术将获得正收益，所以 $K<K^*_{\text{WP},i}$ 也是供应链成员投资 RFID 技术的激励条件。

性质 3.3 分别给出了分散式供应链中零售商与制造商关于投资 RFID 技术的固定成本和变动标签成本的临界值，即分散式供应链成员投资 RFID 技术的激励条件。如果单位标签成本大于 $t^*_{\text{WP},i}$，对于供应链成员 i 来说，其中 $i\in\{R,M\}$，投资 RFID 技术不能获得收益。同理，只有当投资 RFID 技术的固定成本小于 $K^*_{\text{WP},i}$ 时，

成员 i 才能通过投资 RFID 技术获得收益。

通过批发价格契约得到零售商的最优订货量，进而得到供应链的整体期望收益。通过对比集中式供应链情形和采用批发价格契约的分散式供应链的最优订货量发现，由于 $\frac{r+g-s}{2(r+g_R-s)+g_M}<1$，当不采用 RFID 技术时，根据 $Q_{D,\mathrm{WP}}^{*}<Q_{\mathrm{ina}}^{*}$，得知批发价格契约的分散式供应链的最优订货量小于集中式供应链的最优订货量，分散式供应链整体利润也低于集中式供应链的利润。当采用 RFID 技术时，根据 $Q_{D,\mathrm{WP,RF}}^{*}<Q_{\mathrm{ina,RF}}^{*}$ 可知批发价格契约下的分散式供应链的最优订货量小于集中式供应链的情形，分散式供应链整体利润也低于集中式供应链的利润，这就是双重边际效应带来的影响。刘家国和吴冲（2010）指出供应链中的双重边际效应是由于供应链中非最优的转移价格的存在，导致制造商成本和零售商定价发生扭曲，并最终影响供应链整体绩效的现象。因为双重边际效应广泛存在于多级供应链中，所以供应链成员在分配供应链总利润的过程中不可能出现与集中式供应链同样的最优效果。双重边际效应广泛存在于分散式供应链中，且普通的批发价格契约不能实现供应链的协调，进一步考虑通过收益共享契约和回购契约来实现供应链协调，即实现分散式供应链整体收益与集中式供应链整体收益相等。

3.2.2　基于 RFID 技术的收益共享契约

根据对批发价格契约的分析发现，在采用 RFID 技术减少库存不准确问题的情况下，集中式供应链最优订货量大于分散式供应链最优订货量，因此，集中式供应链能够获得比分散式供应链更多的收益。通过收益共享契约能够实现供应链协调，并达到与集中式供应链相同的收益。

在收益共享契约情形下，零售商将包括销售收入和期末滞销商品回收收入等收益让渡一部分给制造商。假定零售商获得的收益共享比例为 φ（其中 $0<\varphi\leqslant 1$），制造商获得的收益共享比例为 $1-\varphi$。此时，零售商依然对订货量 Q_{RS} 进行决策，而制造商需要对批发价格 w_{RS} 和收益共享比例 φ 进行决策。同时，考虑到库存不准确问题的存在，零售商的收益表示为

$$\begin{aligned}\pi_{R,\mathrm{RS}}(Q_{\mathrm{RS}})=\varphi\Bigg(&r\left(\int_0^{+\infty}x\mathrm{d}F(x)+\int_{\lambda Q_{\mathrm{RS}}}^{+\infty}(\lambda Q_{\mathrm{RS}}-x)\mathrm{d}F(x)\right)\\&+s\left(\int_0^{\lambda Q_{\mathrm{RS}}}(\lambda Q_{\mathrm{RS}}-x)\mathrm{d}F(x)+\beta Q_{\mathrm{RS}}\right)\Bigg)-g_R\int_{\lambda Q_{\mathrm{RS}}}^{+\infty}(x-\lambda Q_{\mathrm{RS}})\mathrm{d}F(x)-w_{\mathrm{RS}}Q_{\mathrm{RS}}\end{aligned}\tag{3-13}$$

在存在库存不准确问题的情形下，零售商的收益函数包括三部分：第一部分是销售收入和期末余下商品（包括滞销商品和库存错放商品）残值零售商共享比例；第二部分是缺货情形下零售商的缺货损失；第三部分是在制造商规定批发价格时相应的订货成本。

制造商的收益表示为

$$\begin{aligned}\pi_{M,\mathrm{RS}}(w_{\mathrm{RS}})=(1-\varphi)&\left(r\left(\int_0^{+\infty}x\mathrm{d}F(x)+\int_{\lambda Q_{\mathrm{RS}}}^{+\infty}(\lambda Q_{\mathrm{RS}}-x)\mathrm{d}F(x)\right)\right.\\&\left.+s\left(\int_0^{\lambda Q_{\mathrm{RS}}}(\lambda Q_{\mathrm{RS}}-x)\mathrm{d}F(x)+\beta Q_{\mathrm{RS}}\right)\right)+(w_{\mathrm{RS}}-c)Q_{\mathrm{RS}}\\&-g_M\int_{\lambda Q_{\mathrm{RS}}}^{+\infty}(x-\lambda Q_{\mathrm{RS}})\mathrm{d}F(x)\end{aligned}\tag{3-14}$$

在存在库存不准确问题的情形下，制造商的收益函数包括三部分：第一部分是销售收入和期末余下商品（包括滞销商品和库存错放商品）残值制造商共享比例；第二部分是缺货情形下制造商的缺货损失；第三部分是制造商的订货收入。

考虑收益共享契约，结合零售商和制造商的收益可得到分散式供应链的总收益为

$$\begin{aligned}\pi_{\mathrm{RS}}(w_{\mathrm{RS}},Q_{\mathrm{RS}})=r&\left(\int_0^{+\infty}x\mathrm{d}F(x)+\int_{\lambda Q_{\mathrm{RS}}}^{+\infty}(\lambda Q_{\mathrm{RS}}-x)\mathrm{d}F(x)\right)\\&+s\int_0^{\lambda Q_{\mathrm{RS}}}(\lambda Q_{\mathrm{RS}}-x)\mathrm{d}F(x)+s\beta Q_{\mathrm{RS}}\\&-g\int_{\lambda Q_{\mathrm{RS}}}^{+\infty}(x-\lambda Q_{\mathrm{RS}})\mathrm{d}F(x)-cQ_{\mathrm{RS}}\end{aligned}\tag{3-15}$$

先求出式（3-13）和式（3-14）分别关于 Q_{RS} 和 w_{RS} 的二阶导数，可得

$$\frac{\partial^2\pi_{R,\mathrm{RS}}}{\partial {Q_{\mathrm{RS}}}^2}\leqslant 0,\quad \frac{\partial^2\pi_{M,\mathrm{RS}}}{\partial {w_{\mathrm{RS}}}^2}\leqslant 0$$

对零售商和制造商的收益函数关于订货量求导数，可得零售商的最优订货量和制造商的最优批发价格如下：

$$Q_{\mathrm{RS}}^{*}=\frac{1}{\lambda}F^{-1}\left(1-\frac{c-s(1-\alpha)}{(r+g-s)\lambda}\right)\tag{3-16}$$

$$w_{\mathrm{RS}}^{*}=(\varphi r+g_R)\lambda+\varphi s\beta-(\varphi r+g_R-\varphi s)\frac{(r+g)\lambda+s\beta-c}{r+g-s}\tag{3-17}$$

为了实现供应链协调，制造商通过确定批发价格，使零售商的最优订货量与集中式供应链情形相等，进而使分散式供应链的总收益与集中式供应链相同，从而实现供应链协调。在收益共享契约情形下，制造商通过确定收益共享比例分配收益，从而至少使得参与双方获得在批发价格契约情形下的收益。

性质 3.4：在收益共享契约情形下，制造商决策的批发价格和缺货成本分别为 $w_{\mathrm{RS}}=\varphi c$ 和 $g_R=\varphi g$ 时，其中 $\varphi\in(0,1]$。零售商和制造商的收益分别满足

$$\pi_{R,\mathrm{RS}}(Q_{\mathrm{RS}})=\varphi\pi_{\mathrm{RS}}(w_{\mathrm{RS}},Q_{\mathrm{RS}}),\quad \pi_{M,\mathrm{RS}}(w_{\mathrm{RS}})=(1-\varphi)\pi_{\mathrm{RS}}(w_{\mathrm{RS}},Q_{\mathrm{RS}})$$

此外，$\{Q_{\mathrm{RS}}^*,w_{\mathrm{RS}}^*\}$ 分别是零售商的最优订货量和制造商的最优批发价格，在收益共享契约情形下实现了供应链协调。

性质 3.4 表明 φ 不仅是零售商分享销售收入的比例，也是分享整个供应链收益的比例，因此，收益共享契约实现了收益分配下的供应链协调，零售商的收益取决于其与制造商议价的能力，当零售商议价能力增强时，其收益共享比例 φ 将增加。从性质 3.4 中可知，实现供应链协调的批发价格低于制造商的边际生产成本，制造商通过分享零售商的销售收入弥补其生产损失。在分散式供应链情形下，制造商为了获得在集中式供应链情形下的同等收益，其批发价格必须低于集中式供应链情形，所以通过收益共享契约使得批发价格低于制造商的生产成本。

采用 RFID 技术之后，库存错放问题完全消除，库存损耗问题部分消除，同时投资 RFID 技术的固定成本和变动标签成本在零售商之间进行分摊，此时零售商与制造商的收益为

$$\begin{aligned}\pi_{R,\mathrm{RS,RF}}(Q_{\mathrm{RS,RF}})=\varphi\Bigg(&r\int_0^{+\infty}x\mathrm{d}F(x)\\&+r\int_{(1-(1-\delta)\alpha)Q_{\mathrm{RS,RF}}}^{+\infty}((1-(1-\delta)\alpha)Q_{\mathrm{RS,RF}}-x)\mathrm{d}F(x)\\&+s\int_0^{(1-(1-\delta)\alpha)Q_{\mathrm{RS,RF}}}((1-(1-\delta)\alpha)Q_{\mathrm{RS,RF}}-x)\mathrm{d}F(x)\Bigg)\\&-w_{\mathrm{RS,RF}}Q_{\mathrm{RS,RF}}-(\theta_t tQ_{\mathrm{RS,RF}}+\theta_K K)\\&-g_R\int_{(1-(1-\delta)\alpha)Q_{\mathrm{RS,RF}}}^{+\infty}(x-(1-(1-\delta)\alpha)Q_{\mathrm{RS,RF}})\mathrm{d}F(x)\end{aligned}\tag{3-18}$$

$$\begin{aligned}\pi_{M,\mathrm{RS,RF}}(w_{\mathrm{RS,RF}})=(1-\varphi)\Bigg(&r\int_0^{+\infty}x\mathrm{d}F(x)\\&+r\int_{(1-(1-\delta)\alpha)Q_{\mathrm{RS,RF}}}^{+\infty}((1-(1-\delta)\alpha)Q_{\mathrm{RS,RF}}-x)\mathrm{d}F(x)\\&+s\int_0^{(1-(1-\delta)\alpha)Q_{\mathrm{RS,RF}}}((1-(1-\delta)\alpha)Q_{\mathrm{RS,RF}}-x)\mathrm{d}F(x)\Bigg)\\&-g_M\int_{(1-(1-\delta)\alpha)Q_{\mathrm{RS,RF}}}^{+\infty}(x-(1-(1-\delta)\alpha)Q_{\mathrm{RS,RF}})\mathrm{d}F(x)\\&-(cQ_{\mathrm{RS,RF}}+(1-\theta_t)tQ_{\mathrm{RS,RF}})-(1-\theta_K)K\end{aligned}\tag{3-19}$$

在采用 RFID 技术的情形下，根据式（3-18），零售商的收益函数包括四部分：第一部分是销售收入和期末余下商品残值收入（包括滞销商品和库存错放商品）零售商共享比例；第二部分是零售商的订货成本；第三部分是采用 RFID 技术零售商承担的固定成本和变动标签成本；第四部分是零售商的缺货成本。由于采用 RFID 技术完全消除了库存错放问题，同时降低了库存损耗的发生比例，因此在收益共享契约情形下对采用 RFID 技术的成本效益进行分析。

在采用 RFID 技术的情形下，分散式供应链的总收益为

$$\begin{aligned}\pi_{R,\mathrm{RS,RF}}(Q_{\mathrm{RS,RF}}) &= r\int_{(1-(1-\delta)\alpha)Q_{\mathrm{RS,RF}}}^{+\infty}((1-(1-\delta)\alpha)Q_{\mathrm{RS,RF}}-x)\mathrm{d}F(x)\\ &\quad + r\int_0^{+\infty} x\mathrm{d}F(x)-(c+t)Q_{\mathrm{RS,RF}}-K\\ &\quad + s\int_0^{(1-(1-\delta)\alpha)Q_{\mathrm{RS,RF}}}((1-(1-\delta)\alpha)Q_{\mathrm{RS,RF}}-x)\mathrm{d}F(x)\\ &\quad - g\int_{(1-(1-\delta)\alpha)Q_{\mathrm{RS,RF}}}^{+\infty}(x-(1-(1-\delta)\alpha)Q_{\mathrm{RS,RF}})\mathrm{d}F(x)\end{aligned} \tag{3-20}$$

在采用 RFID 技术的情形下，先求出式（3-18）和式（3-19）分别关于 $Q_{\mathrm{RS,RF}}$ 和 $w_{\mathrm{RS,RF}}$ 的二阶导数，可得

$$\frac{\partial^2\pi_{R,\mathrm{RS,RF}}}{\partial Q_{\mathrm{RS,RF}}{}^2}\leqslant 0,\quad \frac{\partial^2\pi_{M,\mathrm{RS,RF}}}{\partial w_{\mathrm{RS,RF}}{}^2}\leqslant 0$$

对零售商和制造商的收益函数关于订货量求导数，可得到零售商的最优订货量和制造商的最优批发价格，结果如下：

$$Q^*_{\mathrm{RS,RF}}=\frac{1}{1-(1-\sigma)\alpha}F^{-1}\left(\frac{(r+g)(1-(1-\delta)\alpha)-t-c}{(r+g-s)(1-(1-\delta)\alpha)}\right) \tag{3-21}$$

$$w^*_{\mathrm{RS,RF}}=(\varphi r+g_R)(1-(1-\sigma)\alpha)-\theta_t t-(\varphi r+g_R-\varphi s)\frac{(r+g)(1-(1-\sigma)\alpha)-c-t}{r+g-s} \tag{3-22}$$

性质 3.5：（1）根据式（3-4）和式（3-21）可知，零售商在收益共享契约情形下最优订货量等于集中式供应链的最优订货量，即收益共享契约消除了双重边际效应，实现了分散式供应链协调。

（2）当零售商订货量 $Q^*_{\mathrm{RS,RF}}>0$，投资 RFID 变动标签成本满足 $t>t^*_{\mathrm{RS,RF}}$ 时，制造商确定的最优批发价格 $w^*_{\mathrm{RS,RF}}>c$，其中

$$t^*_{\mathrm{RS,RF}}=\frac{c((1-\varphi)(r-s)+g_M)+sg_R(1-(1-\sigma)\alpha)(1-\varphi)}{\varphi r+g_R-\varphi s-(r+g-s)\theta_t}$$

从性质 3.5 可以看到，在不采用 RFID 技术的情形下，最优批发价格总是低于制造商的边际生产成本，但在采用 RFID 技术的情形下，当投资 RFID 技术的变动标签成本高于标签临界成本，即 $t > t^*_{\mathrm{RS,RF}}$ 时，最优批发价格总是高于制造商的边际生产成本，并且制造商将与零售商一起分摊 RFID 技术的变动标签成本。

在存在库存不准确的情形下，考虑收益共享契约，RFID 技术投资决策取决于 RFID 技术给零售商和制造商带来的收益。通过比较投资 RFID 技术前后零售商和制造商的收益变化，设 $\mathrm{inc}^*_{R,\mathrm{RS}}(\theta_t,\theta_k)=\pi_{R,\mathrm{RS,RF}}-\pi_{R,\mathrm{RS}}$，$\mathrm{inc}^*_{M,\mathrm{RS}}(\theta_t,\theta_k)=\pi_{M,\mathrm{RS,RF}}-\pi_{M,\mathrm{RS}}$，得到如下性质。

性质 3.6：（1）当投资 RFID 技术的固定成本 K 为固定值保持不变，变动标签成本 $t < t^*_{\mathrm{RS},R}$ 时，$\mathrm{inc}^*_{R,\mathrm{RS}}(\theta_t,\theta_k) > 0$，即零售商投资 RFID 技术将获得正收益，同理，当满足条件 $t < t^*_{\mathrm{RS},M}$ 时，$\mathrm{inc}^*_{M,\mathrm{RS}}(\theta_t,\theta_k) > 0$，即制造商通过投资 RFID 技术将获得正收益，所以 $t < t^*_{\mathrm{RS},i}$ 是分散式供应链成员投资 RFID 技术的激励条件，其中 $i \in \{R,M\}$。

（2）当投资 RFID 技术的变动标签成本 t 为固定值保持不变，固定成本 K 满足 $K < K^*_{\mathrm{RS},R}$ 时，$\mathrm{inc}^*_{R,\mathrm{RS}}(\theta_t,\theta_k) > 0$，即零售商投资 RFID 技术将获得正收益，同理，当满足条件 $K < K^*_{\mathrm{RS},M}$ 时，$\mathrm{inc}^*_{M,\mathrm{RS}}(\theta_t,\theta_k) > 0$，即制造商通过投资 RFID 技术将获得正收益，所以 $K < K^*_{\mathrm{RS},i}$ 也是供应链成员投资 RFID 技术的激励条件。

（3）零售商承担的 RFID 技术固定成本比率 θ_k 小于临界值 θ_k^* 时，即 $\theta_k < \theta^*_{k,\mathrm{RS}}$，零售商与制造商的 RFID 变动标签成本和固定成本的临界值分别满足：

$$t^*_{\mathrm{RS},R}\begin{cases} < t^*_{\mathrm{RS},M}, & \theta_k > \theta^*_{k,\mathrm{RS}} \\ > t^*_{\mathrm{RS},M}, & \theta_k < \theta^*_{k,\mathrm{RS}} \\ = t^*_{\mathrm{RS},M}, & \theta_k = \theta^*_{k,\mathrm{RS}} \end{cases},\quad K^*_{\mathrm{RS},R}\begin{cases} < K^*_{\mathrm{RS},M}, & \theta_k > \theta^*_{k,\mathrm{RS}} \\ > K^*_{\mathrm{RS},M}, & \theta_k < \theta^*_{k,\mathrm{RS}} \\ = K^*_{\mathrm{RS},M}, & \theta_k = \theta^*_{k,\mathrm{RS}} \end{cases}$$

（4）RFID 变动标签成本在零售商与制造商之间的分摊比例并不影响 RFID 技术的投资决策，也不会影响零售商、制造商和供应链总收益。

从性质 3.6 中可以看到，RFID 技术的固定成本和变动标签成本均存在临界值 $t^*_{\mathrm{RS},i}$ 和 $K^*_{\mathrm{RS},i}$，其中 $i \in \{R,M\}$，当它们小于其临界值时，零售商或者制造商通过采用 RFID 技术能够提高期望收益，同时这也是供应链成员进行 RFID 技术投资决策的激励条件。进一步地，得到了关于零售商与制造商 RFID 成本相对大小的临界条件，当零售商 RFID 技术的固定成本比率满足一定条件时，零售商的标签成本高于制造商的标签成本，同理可以得到关于 RFID 技术的固定成本的相似结论。

RFID 技术的变动标签成本在零售商与制造商之间的分摊比例并不影响 RFID 技术的投资决策，同时均不会对零售商、制造商和供应链总收益产生影响。

3.2.3　基于 RFID 技术的回购契约

在回购契约下，制造商以一定价格回购零售商在销售期末滞销商品及销售期初库存错放商品。假定制造商以回购价格 b 回购零售商期末余下商品并且以价格 s 回收商品残值。为了防止零售商选择自己回收商品残值而不是优先回售给制造商，规定回购价格高于回收价格，即 $b > s$。同时，考虑库存不准确情形下不采用 RFID 技术和采用 RFID 技术两种情况，分析零售商和制造商的收益。此外，为了保证零售商首先将订购商品用于销售，然后在销售期末将剩余商品由制造商回购，设定销售价格高于回购价格，即 $r > b$。

在不采用 RFID 技术的库存不准确问题下，基于回购契约，零售商的期望收益可表示为

$$\pi_{R,B}(Q_B) = r\left(\int_0^{+\infty} x\mathrm{d}F(x) + \int_{\lambda Q_B}^{+\infty}(\lambda Q_B - x)\mathrm{d}F(x)\right) + b\left(\beta Q_B + \int_0^{\lambda Q_B}(\lambda Q_B - x)\mathrm{d}F(x)\right) - g_R\int_{\lambda Q_B}^{+\infty}(x - \lambda Q_B)\mathrm{d}F(x) - w_B Q_B \tag{3-23}$$

零售商的收益函数包括四部分：第一部分是销售收入；第二部分是向制造商回购期末余下商品的收入；第三部分是缺货损失；第四部分是订购成本。

同时，制造商的期望收益可表示为

$$\pi_{M,B}(w_B) = (w_B - c)Q_B - (b - s)\left(\beta Q_B + \int_0^{\lambda Q_B}(\lambda Q_B - x)\mathrm{d}F(x)\right) - g_M\int_{\lambda Q_B}^{+\infty}(x - \lambda Q_B)\mathrm{d}F(x) \tag{3-24}$$

由式（3-23）对 Q_B 求二阶偏导数可得

$$\frac{\partial^2 \pi_{R,B}}{\partial {Q_B}^2} \leqslant 0$$

对零售商收益函数关于订货量求导数，可得到零售商的最优订货量，结果如下：

$$Q_B^* = \frac{1}{\lambda}F^{-1}\left(\frac{(r + g_R)\lambda + b\beta - w_B^*}{(r + g_R - b)\lambda}\right) \tag{3-25}$$

为了消除双重边际效益，实现分散式供应链协调，令 $Q_B^* = Q_{\mathrm{ina}}^*$，即令式（3-2）等于式（3-25），得

$$w_B^* = (r+g_R)\lambda + b\beta - \frac{(r+g_R-b)((r+g)\lambda - c - s\beta)}{r+g-s} \tag{3-26}$$

制造商首先确定了回购价格，然后决策批发价格；零售商根据批发价格决策最优订货量。显然，在回购契约下，制造商通过确定回购价格能够实现供应链协调，从而实现分散式供应链期望总收益最大化。

考虑 RFID 技术应用解决库存不准确问题，零售商与制造商分担投资 RFID 技术的固定成本与变动标签成本，结合回购契约，零售商的收益函数表示为

$$\begin{aligned}\pi_{R,B,\text{RF}}(Q_{B,\text{RF}}) = {} & r\left(\int_0^{+\infty} x\text{d}F(x) + \int_{(1-(1-\delta)\alpha)Q_{B,\text{RF}}}^{+\infty}((1-(1-\delta)\alpha)Q_{B,\text{RF}} - x)\text{d}F(x)\right)\\ & + b\int_0^{(1-(1-\delta)\alpha)Q_{B,\text{RF}}}((1-(1-\delta)\alpha)Q_{B,\text{RF}} - x)\text{d}F(x) - w_{B,\text{RF}}Q_{B,\text{RF}}\\ & -(\theta_t t Q_{B,\text{RF}} + \theta_k K) - g_R\int_{(1-(1-\delta)\alpha)Q_{B,\text{RF}}}^{+\infty}(x-(1-(1-\delta)\alpha)Q_{B,\text{RF}})\text{d}F(x)\end{aligned} \tag{3-27}$$

零售商的收益函数包括五部分：第一部分是零售商的销售收入；第二部分由于采用 RFID 技术完全消除了库存错放问题，所以回购价值仅针对零售商期末滞销商品；第三部分是订购成本；第四部分是零售商承担的 RFID 技术的固定成本和变动标签成本；第五部分是缺货成本。

制造商的收益函数表示为

$$\begin{aligned}\pi_{M,B,\text{RF}}(w_{B,\text{RF}}) = {} & (w_{B,\text{RF}} - c)Q_{B,\text{RF}} - ((1-\theta_t)tQ_{B,\text{RF}} + (1-\theta_k)K)\\ & -(b-s)\int_0^{(1-(1-\sigma)\alpha)Q_{B,\text{RF}}}((1-(1-\delta)\alpha)Q_{B,\text{RF}} - x)\text{d}F(x)\\ & - g_M\int_{(1-(1-\delta)\alpha)Q_{B,\text{RF}}}^{+\infty}(x-(1-(1-\delta)\alpha)Q_{B,\text{RF}})\text{d}F(x)\end{aligned} \tag{3-28}$$

制造商的收益函数包括四部分：第一部分是制造商的订购收入；第二部分是制造商承担的 RFID 技术的固定成本和标签变动成本；第三部分是回购成本；第四部分是缺货成本。

由式（3-27）对 $Q_{B,\text{RF}}$ 求二阶偏导数可得

$$\frac{\partial^2 \pi_{R,B,\text{RF}}}{\partial {Q_{B,\text{RF}}}^2} \leqslant 0$$

对零售商的收益函数关于订货量求导数，可得到零售商的最优订货量为

$$Q_{B,\text{RF}}^* = \frac{1}{1-(1-\delta)\alpha}F^{-1}\left(\frac{(r+g_R)(1-(1-\delta)\alpha) - w_{B,\text{RF}}^* - \theta_t t}{(r+g_R-b)(1-(1-\delta)\alpha)}\right) \tag{3-29}$$

制造商需要确定最优批发价格和回购价格，为了消除双重边际效应，实现分散式供应链的协调，令 $Q_{B,\mathrm{RF}}^* = Q_{\mathrm{ina,RF}}^*$，即令式（3-4）等于式（3-29），得

$$\pi(r,q,D(r)) = r\lambda q - cq - (r-s)\int_0^{\lambda q-\eta(r)} F(x)\mathrm{d}x + s\beta q \tag{3-30}$$

制造商确定了回购价格后决策批发价格，零售商决策最优订货量。显然，在回购契约下，制造商通过确定回购价格能够实现供应链协调，从而实现分散式供应链期望总收益最大化。

当存在库存不准确问题时，考虑回购契约，RFID 技术投资决策取决于 RFID 技术应用对零售商和制造商带来的收益。通过比较投资 RFID 技术前后零售商的收益变化，设 $\mathrm{inc}_{R,B}^*(\theta_t,\theta_k) = \pi_{R,B,\mathrm{RF}} - \pi_{R,B}$，$\mathrm{inc}_{M,B}^*(\theta_t,\theta_k) = \pi_{M,B,\mathrm{RF}} - \pi_{M,B}$，得到如下结论。

性质 3.7：（1）当投资 RFID 技术的固定成本 K 为固定值保持不变，变动标签成本 $t < t_{B,i}^*$ 时，$\mathrm{inc}_{i,B}^*(\theta_t,\theta_k) > 0$，零售商或制造商通过投资 RFID 技术将获得正收益，所以 $t < t_{B,i}^*$ 是分散式供应链成员投资 RFID 技术的激励条件，其中 $i \in \{R,M\}$。

（2）当投资 RFID 技术的变动标签成本 t 为固定值保持不变，固定成本 K 满足 $K < K_{B,i}^*$ 时，$\mathrm{inc}_{i,B}^*(\theta_t,\theta_k) > 0$，零售商或制造商通过投资 RFID 技术将获得正收益，所以 $K < K_{\mathrm{RS},i}^*$ 也是供应链成员投资 RFID 技术的激励条件。

（3）当零售商承担的 RFID 技术的固定成本比率 θ_k 低于其临界值 θ_k^* 时，$\theta_k < \theta_{k,B}^*$，零售商所能接受的 RFID 技术的变动标签成本和固定成本的临界值高于制造商能接受的临界值，即 $t_{B,R}^* > t_{B,M}^*$，$K_{B,R}^* > K_{B,M}^*$。

根据性质 3.7，RFID 技术的固定成本和变动标签成本均存在临界值 $t_{B,i}^*$ 和 $K_{B,i}^*$，其中 $i \in \{R,M\}$，当它们小于其临界值时，零售商或者制造商通过采用 RFID 技术能够提高期望收益，同时这也是供应链成员进行 RFID 技术投资决策的激励条件。同时，得到了关于零售商与制造商 RFID 技术成本相对大小的临界条件，当零售商 RFID 技术的固定成本比率满足一定条件时，零售商的标签成本高于制造商的标签成本，同理可以得到关于 RFID 技术的固定成本的相似结论。

3.2.4　仿真实验

根据上述对固定价格情形下集中式两级供应链决策和分散式两级供应链协调的分析，假设顾客需求服从正态分布 $N(1000,250^2)$，同时相应参数值为 $c=2, r=10,$

$s=1,g_R=2,g_M=1,g=3,t=0.1,K=500,\alpha=0.2,\beta=0.2,\delta=0.8,\theta_t=\theta_K=0.5$，根据上述分析结果得到的关于零售商的最优订货量，制造商在一定收益共享比例或回购价格确定的最优批发价格，利用 MATLAB 计算相应指标如图 3.5 和图 3.6 所示。

通过以上算例分析，分别得到了采用 RFID 技术前后集中式供应链的最优决策，以及分散式供应链批发价格契约、收益共享契约与回购契约的最优决策，得到如下结果。

（1）批发价格契约情形下分散式供应链的期望收益明显低于集中式供应链的期望收益，其中双重边际效应是导致分散式供应链收益明显降低的原因，要想实现分散式供应链期望收益最大化，必须进行协调优化。

（2）采用 RFID 技术能够有效降低库存不准确率，可以看到集中式供应链和分散式供应链的收益均有所提高，但分散式供应链的期望收益不能达到集中式供应链的收益水平，所以在采用 RFID 技术的基础上需要利用供应链契约进行协调。

（3）在考虑收益共享契约之后，采用 RFID 技术前后两种情形，分散式供应链的期望收益均达到集中式供应链的收益水平，随着收益共享比例的增大，零售商的期望收益增大，而制造商的期望收益降低，其中存在最易达成收益共享契约的收益共享比例，使零售商和制造商获得相等的期望收益。同时最优批发价格均低于制造商的边际生产成本，这很好地反映了收益共享契约的协调效果，具体见图 3.5。

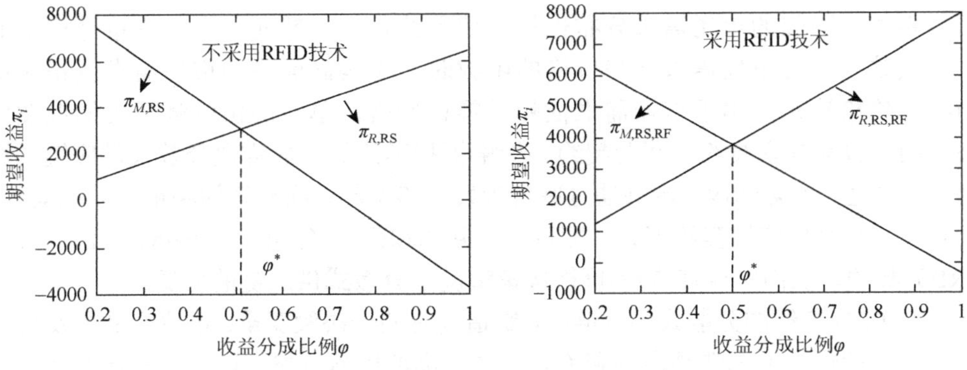

图 3.5　采用 RFID 技术前后收益共享契约情形期望收益情况

（4）在回购契约下，分散式供应链期望收益也达到集中式供应链的收益水平，同时随着回购价格的提高，制造商的收益水平提高，并逐渐超过零售商的收益水平。这说明随着回购价格的提高，零售商的订货量提高，制造商的生产能力得到更大满足，批发价格明显高于边际生产成本，具体见图 3.6。

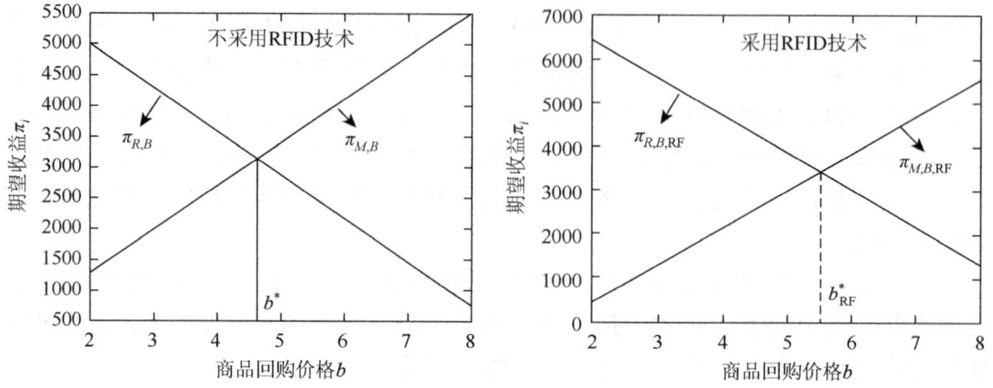

图 3.6　采用 RFID 技术前后回购契约情形期望收益情况

（5）通过比较收益共享契约和回购契约，可知收益共享契约情形下的最优批发价格明显低于回购契约情形下的最优批发价格，但究竟哪一种契约形式对零售商或制造商有利并没有定论，当制造商不能够及时掌握零售商收益情况时，制造商肯定偏向于采用回购契约；而对于易变质品，制造商更倾向于采用收益共享契约。

3.3　基于 RFID 技术需求价格相关的供应链决策

在上述固定价格情形的分散式供应链中，零售商的零售价格是外生给定的，所以零售商面临的市场需求分布也相应地是给定的。然而，当订货量是价格的一个反映函数且市场需求又是价格的函数时，零售商面临的市场需求就相应地由零售价格决定。由于市场需求依赖于零售价格，单一的供应链契约如批发价格契约、收益共享契约、回购契约、价格折扣契约等不能实现分散式供应链的协调。考虑这一实际情况，本书通过联合批发价格契约、回购契约和销售回扣契约，构建一种复合供应链契约形式，即价格、回扣和回购（price，rebate and buyback，PRB）契约，从而实现订货量-价格决策情况下分散式供应链的协调。

在 PRB 契约的分散式供应链中，制造商有四个决策变量：单位商品批发价格 w、零售商销售期末滞销商品和库存错放商品的回购价格 b 以及当零售商销售量超过目标销售水平 T 及其商品的单位回扣价格 u。因此，制造商的决策组合为 (w,b,u,T)。同时，零售商的决策变量包括商品订货量 $q(r)$ 和零售价格 r。

考虑市场需求是关于零售价格的函数，分析 PRB 契约在关于零售价格加法形式下的市场需求是否能够实现分散式供应链的协调。基于以下原因，PRB 契约将实现分散式供应链整体最优收益，而不是各成员最优收益：①最大化供应链的整体收益能够增强零售供应链的效率，并增强供应链应变能力；②实现分散式供应链协调能够增加供应链的总收益；③实现分散式供应链协调能够使顾客服务水平达到集中式供应链的水平。

表 3.2 给出了基于 PRB 契约供应链协调模型的新增参数定义。

表 3.2　模型参数设定

参数	参数定义
T	回扣契约下的目标销售水平
u	单位回扣价格
q	零售商商品订货量
r	单位零售价格
$D(r)$	商品需求函数

3.3.1　库存不准确情形下两级供应链协调

考虑在由单制造商和单零售商构成的两级供应链中，制造商向零售商提供 PRB 契约，从而促使零售商订购更多的商品在单一销售季节进行销售。在销售季节期初，制造商对以下四个变量进行决策：单位商品批发价格 w，零售商销售期末滞销商品和库存错放商品的回购价格 b，以及当零售商销售量超过目标销售水平 T 及其商品的单位回扣价格 u，即制造商的决策组合 (w,b,u,T)，这是 PRB 契约的特质。同时，零售商的决策变量包括商品订货量 $q(r)$ 和零售价格 r。在 PRB 契约情形下，制造商作为主导者，零售商作为追随者。制造商的单位生产成本为 c，零售商销售期末滞销商品和错放商品单位回收残值依然为 s，单位缺货成本为 g。同时为了保证制造商具有生产意愿和零售商有销售意愿，假设 $r>w>c>s$。在制造商采用回购契约的情形下，为了保证零售商销售期末愿意将滞销商品和错放商品交由制造商回购，假设 $b>s$。

1. *库存不准确情形下模型构建*

考虑需求价格相关情况下，商品需求由零售价格 r 决定。Petruzzi 和 Dada（1999）已经讨论过商品需求是关于零售价格乘法形式函数的情况，即商品需求 $D(r)=\eta(r)x$，其中 x 是非负随机变量，$\eta(r)=k\mathrm{e}^{-ar}$，$k>0$，其中 $a>0$。考虑商品需求是关于零售价格加法形式的函数，即 $D(r)=\eta(r)+x$，其中 $\eta(r)=k-ar>0$。由 $\eta(r)>0$ 可以得到 $r<k/a$，将 $\eta(r)$ 视为最低商品需求水平。此外，与 Petruzzi 和 Dada（1999）相同，为了保证最优零售价格和最优订货量具有唯一解，

设定随机变量 x 的概率密度函数 $f(x)$ 与累积分布函数 $F(x)$ 具有以下性质。

（1）当随机变量 $x>0$ 时，累积分布函数 $F(x)$ 具有唯一的逆函数。

（2）当随机变量 $x>0$ 时，函数 $G(x)=(1-F(x))^2/f(x)$ 是关于 x 的减函数。

根据上述性质可得，当满足性质（1）时，集中式供应链情形下传统报童模型的零售价格和订货量具有唯一解；当满足性质（2）时，分散式供应链情形下的最优价格和订货量是唯一的，其中，$F(x)$ 的逆函数为 $F^{-1}(x)$。

首先考虑集中式供应链情形，制造商与零售商集中决策，此时供应链只需要决策零售价格 r 和订货量 q。同时，供应链中存在库存不准确问题，分别由库存错放和库存损耗引起，库存商品错放率和损耗率分别为 β 和 α，假定供应链的总库存可销售率为 $\lambda=1-\beta-\alpha$，满足 $0<\alpha,\beta,\lambda<1$。同时，错放商品在销售期末以残值回收，而损耗商品则直接导致库存损失。在商品需求 $D(r)$ 确定的情况下，集中式供应链的收益可以表示为 $\pi(r,q,D(r))$，满足

$$\pi(r,q,D(r))=r\lambda q-cq-(r-s)(\lambda q-D(r))^{+}+s\beta q$$

因为商品需求满足 $D(r)=\eta(r)+x$，将商品需求函数代入集中式供应链的期望收益中，可得到期望收益如下：

$$\pi(r,q,D(r))=r\lambda q-cq-(r-s)\int_0^{\lambda q-\eta(r)}F(x)\mathrm{d}x+s\beta q \tag{3-31}$$

在分散式供应链情形中，制造商作为主导者，向零售商提供 PRB 契约，制造商和零售商进行 Stackelberg 博弈。在此种情况下，给定 PRB 契约参数组合 (w,b,u,T) 和商品需求 $D(r)$，零售商的决策组合为 (r,q)，其期望收益可以表示为

$$\pi_R(r,q,D(r))=(\lambda r-c)q-(r-b)(\lambda q-D(r))^{+}+b\beta q+u(\min\{D(r)-T,\lambda q-T\})^{+} \tag{3-32}$$

由式（3-32）可知，在分散式供应链中零售商的期望收益由四部分构成：第一部分是库存不准确问题存在情况下的一般销售收入；第二部分是期末滞销回购给零售商带来的损失；第三部分是错放商品期末回购价值；第四部分是达到目标销售水平 T 制造商给予零售商的销售回扣。

考虑最低需求水平为 $\eta(r)$，零售商进行 (r,q) 决策时通常保证 $q>\eta(r)$。但是由于销售回扣契约中制造商为零售商设定的当期目标销售水平 T 的存在，q、$\eta(r)$、T 的相对大小将影响零售商的期望收益。因此，零售商关于 (r,q) 的决策分为以下三种情形：①$T<\eta(r)<\lambda q$；②$\eta(r)<T<\lambda q$；③$\eta(r)<\lambda q<T$。

在情形①下，即 $T<\eta(r)<\lambda q$，由于最小需求水平高于制造商设定的目标销售水平，零售商的销售量超过目标销售水平从而获得销售回扣，销售回扣包括确定回扣金额 $u(\eta(r)-T)$ 和关于 x 的不确定回扣金额。因此，零售商的期望收益为

$$\pi_{R1}(r,q,D(r))=(\lambda r-w)q-(r-b)\int_0^{\lambda q-\eta(r)}F(x)\mathrm{d}x+b\beta q \\ +u\left(\eta(r)-T+\int_0^{\lambda q-\eta(r)}(1-F(x))\mathrm{d}x\right) \tag{3-33}$$

在情形②下，即$\eta(r)<T<\lambda q$，销售回购就是关于x的不确定回扣金额，零售商的期望收益为

$$\pi_{R2}(r,q,D(r))=(\lambda r-w)q-(r-b)\int_0^{\lambda q-\eta(r)}F(x)\mathrm{d}x+b\beta q+u\int_{T-\eta(r)}^{\lambda q-\eta(r)}(1-F(x))\mathrm{d}x \tag{3-34}$$

在情形③下，即$\eta(r)<\lambda q<T$，零售商的销售水平不能达到目标销售水平T，所以零售商的期望收益为

$$\pi_{R3}(r,q,D(r))=(\lambda r-w)q-(r-b)\int_0^{\lambda q-\eta(r)}F(x)\mathrm{d}x+b\beta q$$

综上所述，零售商的期望收益可以表示为

$$E(\pi(r,q))=\begin{cases}\pi_{R1}(r,q,D(r)), & T<\eta(r)<\lambda q\\ \pi_{R2}(r,q,D(r)), & \eta(r)<T<\lambda q\\ \pi_{R3}(r,q,D(r)), & \eta(r)<\lambda q<T\end{cases} \tag{3-35}$$

给定PRB契约，首先，通过$\max\limits_{r<w,q>0}\pi_{Ri}(r,q,D(r)),i=1,2,3$分别得到上述三种情形下零售商的最优决策$(r_i^*,q_i^*(r_i^*))$。然后，通过比较三种情形下的最优决策水平，得到零售商总体最优决策$(r_R^*,q_R^*(r_R^*))=\arg\max\limits_{r<w,q>0}\pi_{Ri}(r_i^*,q_i^*(r_i^*)),i=1,2,3$，所以零售商的期望利润为$E(\pi_R(r_R^*,q_R^*(r_R^*)))=\max\limits_{i=1,2,3}\pi_{Ri}(r_i^*,q_i^*(r_i^*))$。最后，结合零售商的最优决策组合$(r_R^*,q_R^*(r_R^*))$，能够得到制造商的期望收益为

$$E(\pi_M(w,b,u,T))=(r_R^*-c)q_R^*(r_R^*)-E(\pi_R(r_R^*,q_R^*(r_R^*))) \\ -r_R^*\alpha q_R^*(r_R^*)-(r_R^*-s)\beta q_R^*(r_R^*) \\ +\int_0^{\lambda q_R^*(r_R^*)-\eta(r_R^*)}F(x)\mathrm{d}x \tag{3-36}$$

根据得到的最优期望收益函数，分析PRB契约是否能够实现两级供应链协调。首先，将集中式供应链的最优决策$(r^*,q^*(r^*))$作为比较基准，然后，得到在PRB契约情况下分散式供应链达到协调的条件，如分散式供应链中零售商的最优决策与集中式供应链最优决策相同，即$(r_R^*,q_R^*(r_R^*))=(r^*,q^*(r^*))$。

2. 供应链协调策略分析

集中式供应链的期望收益分别对零售价格和订货量求导数可得到集中式供应链的最优决策，进而得到集中式供应链期望收益关于零售价格等变量的性质，具体如下。

性质 3.8：在零售价格 r 固定时，集中式供应链的最优订货量为 q^*，并且当零售价格满足 $r > c$ 时，其中 $q^* = \arg\max\{E(\pi(r,q))\} = \dfrac{1}{\lambda}\left(\eta(r) + F^{-1}\left(\dfrac{\lambda r - c + s\beta}{\lambda(r-s)}\right)\right)$，而且最优期望收益是关于零售价格 r 的单峰函数。

性质 3.8 表明，在零售价格固定的情况下，集中式供应链的最优订货量 q^* 是最低需求水平 $\alpha(r)$ 和经典报童模型订货量之和。将最优订货量 $q^*(r)$ 代入期望收益，可知当最优零售价格满足 $r^* > c$ 时，存在唯一的最优期望收益。所以，一旦确定了最优零售价格，即可得到集中式供应链最优订货量 $q = q^*(r)$ 和相应的最优期望收益。

在分散式供应链情形下，分析 PRB 契约是否能够实现供应链协调。首先，得到在制造商确定 PRB 契约参数 (w,b,u,T) 后零售商的最优决策 $(r_R^*, q_R^*(r_R^*))$，然后，根据零售商的最优决策满足 $(r_R^*, q_R^*(r_R^*)) = (r^*, q^*(r^*))$ 确定在实现供应链协调时的最优 PRB 契约参数 (w^*, b^*, u^*, T^*)。以下给出了在 PRB 契约条件下零售商的最优决策和其期望收益的性质。

性质 3.9：在制造商确定 PRB 契约参数 (w,b,u,T) 的条件下，在任意零售价格水平下 $r > 0$，通过 $\max E(\pi_{Ri}(r,q,D(r))), i = 1,2,3$ 可以得到零售商在不同情形 i 下的最优订货量。

（1）当目标销售水平 T 满足 $T < \eta(r) < \lambda q$ 时，零售商的最优订货量为 $q_1^*(r) = \dfrac{1}{\lambda}\left(\eta(r) + F^{-1}\left(\dfrac{\lambda(r+u) - w + b\beta}{\lambda(r-b+u)}\right)\right)$，同时零售商的期望收益 $E(\pi_{R1}(r, q_1^*(r)))$ 是关于零售价格的单峰函数。

（2）当目标销售水平 T 满足 $\eta(r) < T < \lambda q$ 时，零售商的最优订货量为 $q_2^*(r) = q_1^*(r)$，应满足条件 $\dfrac{G(\lambda q_2^*(r^0) - \eta(r^0))}{r^0 - b + u} - 2a + a^2 uf(T - \eta(r)) < 0$，其中 $r^0 = \max\left(\dfrac{k-T}{a}, w\right)$，零售商的期望收益 $E(\pi_{R2}(r, q_2^*(r)))$ 是关于零售价格的凹函数。

（3）当目标销售水平 T 满足 $\eta(r) < \lambda q < T$ 时，零售商的最优订货量为 $q_3^*(r) = \dfrac{1}{\lambda}\left(\eta(r) + F^{-1}\left(\dfrac{\lambda r - w + b\beta}{\lambda(r-b)}\right)\right)$，同时零售商的期望收益 $E(\pi_{R3}(r, q_3^*(r)))$ 是关于零售价格的单峰函数。

性质 3.9 给出在目标销售水平的三种情形下零售商的最优订货量，同时在零售价格满足一定条件的情况下，零售商的期望收益函数是关于零售价格的凹函数（或单峰函数），所以零售商的最优决策 $(r_R^*, q_R^*(r_R^*))$ 是唯一的。通过将零售商的最优决策 $(r_R^*, q_R^*(r_R^*))$ 表示为关于 PRB 契约参数组合 (w,b,u,T) 的函数，进而满足 $(r_R^*, q_R^*(r_R^*)) = (r^*, q^*(r^*))$，从而实现分散式供应链协调。以下将在目标销售水平的三种情形下，结合性质 3.9，进一步分析 PRB 契约参数的取值，从而建立供应链协调的必要条件。

性质 3.10：通过预期零售商对 PRB 契约的反应，制造商能够确定 PRB 契约的参数组合 (w,b,u,T)，从而实现供应链协调，即 $(r_R^*, q_R^*(r_R^*)) = (r^*, q^*(r^*))$。通过分析得到在不同目标销售水平 T 情形下 PRB 契约参数组合 (w,b,u,T) 的取值如下。

（1）当目标销售水平满足 $T < \eta(r) < \lambda q$ 时，制造商确定的 PRB 契约参数应满足 $w = (1-\alpha)u + c$，$b = u + s$。

（2）当目标销售水平满足 $\eta(r) < T < \lambda q$ 时，制造商确定的 PRB 契约参数应满足

$$w = (1-\alpha)u + c - \left(\lambda u + \frac{\beta u}{F(\lambda q^* - \eta(r^*))}\right) F(T - \eta(r^*))\text{，}b = u\left(1 - \frac{F(T - \eta(r^*))}{F(\lambda q^* - \eta(r^*))}\right) + s\text{。}$$

（3）当目标销售水平满足 $\eta(r) < \lambda q < T$ 时，制造商确定的 PRB 契约参数应满足 $w = c$，$b = s$。

从性质 3.10 可以看到，当制造商确定的目标销售水平满足情形（3），即 $\eta(r) < \lambda q < T$ 时，PRB 契约的参数满足 $w = c$，$b = s$，即批发价格等于单位生产成本，回购价格等于期末残值，此时制造商的收益为零，制造商就不会考虑采用 PRB 契约。因此，重点分析其他两类情形。在情形（1）中，制造商确定的目标销售水平低于最低需求水平，即 $T < \eta(r)$，根据性质 3.9，零售商的最优决策满足 $(r_R^*, q_R^*(r_R^*)) = (r_1^*, q_1^*(r_1^*)) = (r^*, q^*(r^*))$，期望收益 $E(\pi_R(r, q(r))) = \pi_{R1}(r, q(r))$，使 $\pi_{R1}(r, q(r)) > \pi_{R3}(r, q(r))$ 且 $\pi_{R1}(r, q(r)) > \pi_{R2}(r, q(r))$。综合上述分析可以得到以下性质。

性质 3.11：当制造商确定的目标销售水平低于最低需求，即 $T < \eta(r)$ 时，满足以下条件：① $w = (1-\alpha)u + c$ 且 $b = u + s$；②PRB 契约参数为 (w^*, b^*, u^*, T^*)，满足

$$\frac{G(\lambda q_2^*(r^0) - \eta(r^0))}{r^0 - b + u} - 2a + a^2 u f(T^* - \eta(r)) < 0\text{，其中 } r^0 = \max\left(\frac{k - T^*}{a}, w^*\right)\text{；}$$

③PRB 契约的最优参数满足 $\pi_{R1}(r, q(r)) > \pi_{R3}(r, q(r))$ 时，零售商决策为 $r_R^* = r^*$ 和 $q_R^* = q^*$，期望收益为 $E(\pi_R(r, q(r))) = \pi_{R1}(r, q(r))$，PRB 契约实现了供应链协调。

由性质 3.11 可知，当目标销售水平满足 $T < \eta(r)$ 时，条件①给出了 PRB 契约参数 (w^*, b^*, u^*, T^*) 的相互关系，条件②和③进一步限定了契约参数的取值范围。值得注

意的是，当满足条件①、②时，零售商期望收益 $E(\pi_R(r,q(r)))=\pi_{R1}(r,q(r))>\pi_{R2}(r,q(r))$，而条件③表明 $\pi_{R3}(r,q(r))$ 是零售商期望收益 $E(\pi_R(r,q(r)))$ 的下限，这说明制造商确定的契约参数值不能太小，即制造商的期望收益不能太高，将 PRB 契约参数代入制造商的收益函数分析得到以下性质。

性质 3.12：当制造商的目标销售水平 $T<\eta(r)$ 时，其期望收益满足如下条件。

（1）在制造商确定 PRB 最优契约参数的条件下，制造商的最优期望收益为 $\pi_M=u^*T^*=\dfrac{1}{1-\alpha}(w-c)T^*$。

（2）对于任意实现分散式供应链协调的 PRB 契约决策参数，制造商的收益满足条件 $\pi_M<E(\pi(r^*,q^*))-\pi_3(r_3^*,q_3^*)$。

根据性质 3.12，当制造商确定了 PRB 契约，并且目标销售水平 $T<\eta(r)$ 时，制造商能够得到最优期望收益，此时制造商获得目标销售水平 T^* 的单位商品的收益为 $(w-c)/(1-\alpha)$，零售商获得超过目标销售水平部分的边际收益。总存在 PRB 契约，使制造商获得收益，即 $\pi_M>0$，当制造商收益满足 $\pi_M^*<E(\pi(r^*,q^*(r^*)))-\pi_3(r_3^*,q_3^*(r_3^*)$ 时，批发价格 w^* 关于目标销售水平 T^* 递减。

同时，根据制造商期望收益函数得到，当目标销售水平 $T<\eta(r)$ 时，π_M 是关于 w^*,b^*,u^* 的增函数；相应地，当 w^*,b^*,u^* 固定时，π_M 是关于 T^* 的增函数，因此 π_M 是关于 w^*,b^*,u^*,T^* 的增函数，但 w^*,b^*,u^*,T^* 需满足条件 $\pi_{R1}(r,q)>\pi_{R3}(r,q)$，所以制造商不能随意设定 PRB 契约参数。性质 3.12 的条件（2）给出了制造商收益的上限，即当目标销售水平 $T<\eta(r)$ 时，制造商不可能得到分散式供应链的全部收益，但制造商能够通过设定 w^*,b^*,u^*,T^* 使 $\pi_3(r_3^*,q_3^*(r_3^*))$ 最小，从而使收益最大化。

当目标销售水平 $\eta(r)<T<q(r)$ 时，制造商确定 PRB 契约参数，使 $(r_R^*,q_R^*(r_R^*))=(r_2^*,q_2^*(r_2^*))=(r^*,q^*(r^*))$，零售商期望收益为 $E(\pi(r^*,q^*(r^*))=\pi_2(r_2^*,q_2^*(r_2^*))$，且满足 $\pi_2(r_2^*,q_2^*(r_2^*))>\pi_1(r_1^*,q_1^*(r_1^*)),\pi_2(r_2^*,q_2^*(r_2^*))>\pi_3(r_3^*,q_3^*(r_3^*))$，进而得到如下性质。

性质 3.13：当目标销售水平 $\eta(r)<T<q(r)$ 时，制造商确定 PRB 契约最优参数，制造商期望收益为 $E(\pi_M)=L(T^*)u^*$，其中

$$L(T^*)=T^*-\int_0^{T^*-\eta(r^*)}F(x)\mathrm{d}x-F(T^*-\eta(r^*))\left(\lambda q^*(r^*)+\frac{\int_0^{\lambda q^*(r^*)-\eta(r^*)}F(x)\mathrm{d}x}{F(\lambda q^*-\eta(r^*))}\right)$$

当 PRB 契约实现分散式供应链协调时，制造商的收益存在上限，即有 $\pi_M^*<E(\pi(r^*,q^*(r^*))-\pi_3(r_3^*,q_3^*(r_3^*))$，证明同性质 3.12。

从性质 3.13 中看到，当目标销售水平 $\eta(r)<T<q(r)$ 时，制造商的期望收

益是关于目标销售水平 T^* 的函数，即制造商获得目标销售水平的单位商品的收益，零售商获得超过目标销售水平的边际收益。同样，制造商的收益存在上限，不可能随意确定 PRB 契约参数，但可以通过使 $\pi_3(r_3^*, q_3^*(r_3^*))$ 最小，从而获得最大期望收益。

3.3.2　采用 RFID 技术情形下两级供应链协调

当零售商考虑采用 RFID 技术解决库存不准确问题时，与固定价格情形相同，库存错放问题完全消除，但是库存损耗问题只能部分解决，即依然存在库存损耗 $(1-\delta)\alpha$，其中 δ 是损耗改进率。此时，投资 RFID 技术发生单位标签成本 t 和固定成本 K，在分散式供应链中仍然考虑零售商和制造商共同分担两类 RFID 技术成本，其中零售商承担的标签成本和固定成本的比例分别为 θ_t 和 θ_K，以下分别就集中式供应链和分散式供应链进行讨论。

1. 采用 RFID 技术情形下模型构建

在集中式供应链情形下，制造商管理零售商，同时考虑采用 RFID 技术解决库存不准确问题，此时供应链需要决策零售价格 r 和订货量 q。在商品需求 $D(r)=\eta(r)+x$ 确定的情况下，集中式供应链的收益可以表示为 $\pi_{\mathrm{RF}}(r,q,D(r))$，满足：

$$\begin{aligned}\pi_{\mathrm{RF}}(r,q,D(r)) &= (1-(1-\delta)\alpha)rq-(c+t)q \\ &\quad -(r-s)\int_0^{(1-(1-\delta)\alpha)q-\eta(r)}F(x)\mathrm{d}x-K\end{aligned} \tag{3-37}$$

在分散式供应链情形下，考虑制造商通过 PRB 契约参数 (w,b,u,T) 实现供应链协调。首先，当制造商确定的目标销售水平 $T<\eta(r)<(1-(1-\delta)\alpha)q$ 时，零售商的收益为

$$\begin{aligned}\pi_{\mathrm{RF},R1}(r,q,D(r)) &= (1-(1-\delta)\alpha)rq-wq-\theta_t qt-\theta_K K \\ &\quad -(r-b)\int_0^{(1-(1-\delta)\alpha)q-\eta(r)}F(x)\mathrm{d}x \\ &\quad +u\left(\eta(r)-T+\int_0^{(1-(1-\delta)\alpha)q-\eta(r)}(1-F(x))\mathrm{d}x\right)\end{aligned} \tag{3-38}$$

然后，当制造商确定的目标销售水平 $\eta(r)<T<(\alpha+\delta(1-\alpha))q$ 时，零售商的收益为

$$\begin{aligned}\pi_{\mathrm{RF},R2}(r,q,D(r))=&(1-(1-\delta)\alpha)rq-wq-\theta_t qt-\theta_K K\\&-(r-b)\int_0^{(1-(1-\delta)\alpha)q-\eta(r)}F(x)\mathrm{d}x\\&+u\int_{T-\eta(r)}^{(1-(1-\delta)\alpha)q-\eta(r)}(1-F(x))\mathrm{d}x\end{aligned}\tag{3-39}$$

最后，当制造商确定的目标销售水平 $\eta(r)<(1-(1-\delta)\alpha)q<T$ 时，零售商的收益为

$$\begin{aligned}\pi_{\mathrm{RF},R3}(r,q,D(r))=&(1-(1-\delta)\alpha)rq-wq\\&-(r-b)\int_0^{(1-(1-\delta)\alpha)q-\eta(r)}F(x)\mathrm{d}x-\theta_t qt-\theta_K K\end{aligned}\tag{3-40}$$

对于制造商确定的 PRB 契约参数 (w,b,u,T)，零售商首先确定的最优决策为三种情形下的最优决策，即 $(r^*_{\mathrm{RF},R},q^*_{\mathrm{RF},R})=\arg\max\{\pi_{\mathrm{RF},Ri}(r,q,D(r)),i=1,2,3\}$。在考虑制造商分担 RFID 技术的成本的情况下，制造商的期望收益为

$$\begin{aligned}E(\pi_{\mathrm{RF},M}(w,b,u,T))=&r^*_{\mathrm{RF},R}-cq^*_{\mathrm{RF},R}-E(\pi_{\mathrm{RF},R}(r^*_{\mathrm{RF},R},q^*_{\mathrm{RF},R}))\\&-(1-\theta_t)q^*_{\mathrm{RF},R}t-(1-\delta)\alpha r^*_{\mathrm{RF},R}q^*_{\mathrm{RF},R}\\&-(r^*_{\mathrm{RF},R}-s)\int_0^{(1-(1-\delta)\alpha)q-\eta(r)}F(x)\mathrm{d}x-(1-\theta_K)K\end{aligned}\tag{3-41}$$

2. 供应链协调策略分析

根据上述得到的零售商与制造商的期望收益函数，可得到集中式供应链的最优决策 $(r^*_{\mathrm{RF}},q^*_{\mathrm{RF}})$，在分散式供应链进一步考虑 PRB 契约参数 (w,b,u,T)，使零售商决策 $(r^*_{\mathrm{RF},R},q^*_{\mathrm{RF},R})=(r^*_{\mathrm{RF}},q^*_{\mathrm{RF}})$，并确定制造商的 PRB 契约参数 (w^*,b^*,u^*,T^*)。

性质 3.14：（1）在集中式供应链情形下，最优订货量为 $q^*_{\mathrm{RF}}=\dfrac{1}{1-(1-\delta)\alpha}\cdot\left(\eta(r)+F^{-1}\left(\dfrac{(1-(1-\delta)\alpha)r-c-t}{(1-(1-\delta)\alpha)(r-s)}\right)\right)$，当 $r>\dfrac{c+t}{1-(1-\delta)\alpha}$ 时，$\pi_{\mathrm{RF}}(r,q)$ 是关于零售价格 r 的单峰函数。

（2）当制造商确定的目标销售水平满足 $T<\eta(r)<(1-(1-\delta)\alpha)q$ 时，零售商确定最优订货量为 $q^*_{\mathrm{RF},R1}(r)=\dfrac{1}{1-(1-\delta)\alpha}\left(\eta(r)+F^{-1}\left(\dfrac{(r+u)(1-(1-\delta)\alpha)-w-\theta_t t}{(1-(1-\delta)\alpha)(r-b+u)}\right)\right)$，同时零售商的期望收益 $E(\pi_{\mathrm{RF},R1}(r,q,D(r)))$ 是关于零售价格的单峰函数。

（3）当制造商确定的目标销售水平满足 $\eta(r)<T<(1-(1-\delta)\alpha)q$ 时，零售商确定的最优订货量为 $q^*_{\mathrm{RF},R2}=q^*_{\mathrm{RF},R1}$，零售商期望收益 $E(\pi_{\mathrm{RF},R2}(r,q,D(r)))$ 是关于零售价格的凹函数。

（4）当制造商确定的目标销售水平满足$\eta(r) < (1-(1-\delta)\alpha)q < T$时，零售商确定的最优订货量为$q_{\mathrm{RF},R3}^{*}(r)=\dfrac{1}{1-(1-\delta)\alpha}\left(\eta(r)+F^{-1}\left(\dfrac{r(1-(1-\delta)\alpha)-w-\theta_t t}{(1-(1-\delta)\alpha)(r-b)}\right)\right)$，同时期望收益$E(\pi_{\mathrm{RF},R3}(r,q,D(r)))$是关于零售价格的单峰函数。证明同性质3.8和性质3.9。

性质3.14分别给出了集中式供应链和分散式供应链最优订货量，通过使分散式供应链中零售商的最优决策达到集中式供应链的最优水平，即$(r_{\mathrm{RF},R}^{*},q_{\mathrm{RF},R}^{*}(r_{\mathrm{RF},R}^{*}))=(r_{\mathrm{RF}}^{*},q_{\mathrm{RF}}^{*}(r_{\mathrm{RF}}^{*}))$，从而实现供应链协调。所以，为了实现供应链协调，制造商需要确定PRB契约最优参数。

与不采用RFID技术下存在库存不准确情形一样，当制造商确定的目标销售水平满足$T > (1-(1-\delta)\alpha)q$时，制造商不能从PRB契约中获得收益，因此，制造商不会考虑采用PRB契约，进一步，分析目标销售水平低于零售商可销售量的两种情形。当满足如下性质时，分散式供应链通过采用RFID技术解决库存不准确问题实现了供应链协调。

性质3.15：（1）当制造商确定的目标销售水平满足$T < \eta(r) < (1-(1-\delta)\alpha)q$，制造商的最优批发价格为$w^{*}=c+(1-(1-\delta)\alpha)u^{*}+(1-\theta_t)t$和最优回购价格为$b^{*}=u^{*}+s$时，分散式供应链达到协调状态。将$w^{*}$和$b^{*}$代入制造商收益函数得到制造商最优期望收益为$E(\pi_{\mathrm{RF},M}^{*})=u^{*}T^{*}+\theta_t t q_{\mathrm{RF},R}^{*}(r_{\mathrm{RF},R}^{*})-(1-2\theta_K)K$。

（2）当制造商的目标销售水平满足$\eta(r) < T < (1-(1-\delta)\alpha)q$，且制造商的最优批发价格为$w^{*}=c+(1-(1-\delta)\alpha)u^{*}(1-F(T-\eta(r^{*})))+(1-\theta_t)t$，最优回购价格为$b^{*}=\dfrac{(r^{*}-s)(1-(1-\delta)\alpha)u^{*}F(T-\eta(r^{*}))}{(1-(1-\delta)\alpha)r^{*}-c-t}+s+u^{*}$时，分散式供应链达到协调状态。将$w^{*}$和$b^{*}$代入制造商收益函数得到制造商最优期望收益为$E(\pi_{\mathrm{RF},M}(w^{*},b^{*},u^{*},T^{*}))=(w^{*}-c-(1-2\theta_t)t)q_{\mathrm{RF},R}^{*}-(1-2\theta_K)K+u^{*}H(T^{*})$，其中

$$H(T^{*})=T^{*}-\int_0^{T^{*}-\eta(r^{*})}F(x)\mathrm{d}x-\frac{(r^{*}-s)(1-(1-\delta)\alpha)F(T^{*}-\eta(r^{*}))}{(1-(1-\delta)\alpha)r^{*}-c-t}\times\int_0^{(1-(1-\delta)\alpha)q_{\mathrm{RF},R}^{*}-\eta(r^{*})}F(x)\mathrm{d}x$$

（3）当制造商确定的PRB契约参数$(w^{*},b^{*},u^{*},T^{*})$实现分散式供应链协调时，制造商期望收益存在上限，即$\pi_{\mathrm{RF},M}^{*} < E(\pi_{\mathrm{RF}}(r^{*},q^{*}(r^{*})))-\pi_{\mathrm{RF},R3}(r_3^{*},q_3^{*}(r_3^{*}))$。证明同性质3.10。

性质3.15分别给出了目标销售水平满足$T < \eta(r) < (1-(1-\delta)\alpha)q$和$\eta(r) <$

$T<(1-(1-\delta)\alpha)q$ 时供应链达到协调的条件，通过确定制造商 PRB 契约参数的最优值，得到制造商的期望收益，发现制造商的期望收益存在上限。这也保证了制造商的收益不可能无限增大，从而保证了零售商的收益，促使供应链达到协调状态。

3.3.3 供应链 RFID 技术投资效益分析

针对越来越普遍存在的库存不准确问题，零售供应链企业考虑采用 RFID 技术解决库存不准确问题，前面已经对库存不准确情形下不采用 RFID 技术和采用 RFID 技术的情形的需求价格相关的两级供应链协调策略进行了分析，结论证明通过 PRB 契约能够有效实现供应链协调。

但是，投资 RFID 技术解决了库存不准确问题，同时也产生了 RFID 标签成本和固定成本，因此，分析零售供应链企业 RFID 技术投资决策行为很有意义。以下分别对集中式供应链情形和分散式供应链情形下的 RFID 技术投资效益进行分析。

1. 集中式供应链 RFID 技术投资效益分析

通过对比采用 RFID 技术前后集中式供应链的期望收益的变化，分析各相关变量（RFID 损耗改进率、RFID 标签成本、RFID 固定成本）对期望收益的影响，得出零售供应链企业进行 RFID 技术投资的临界条件。

假设商品需求中的随机变量 x 服从均匀分布 $[0,\varepsilon]$，在第 4 章的算例分析中将进一步分析需求服从正态分布的情形。将不采用 RFID 技术时的最优订货量 q^* 代入期望收益函数中，得到集中式供应链的期望收益为

$$\pi^*(r^*)=\frac{\lambda r^*-c+s\beta}{\lambda}\left(k-ar^*+\frac{(\lambda r^*-c+s\beta)\varepsilon}{2\lambda(r^*-s)}\right) \tag{3-42}$$

其中，采用 RFID 技术前的最优零售价格 r^* 由式（3-43）得到：

$$\frac{\partial E(\pi(r,q^*(r)))}{\partial r}=K-a\left(2r-\frac{c-s\beta}{\lambda}\right)+\int_0^{\lambda q^*(r)-\eta(r)}(1-F(x))\mathrm{d}x=0 \tag{3-43}$$

同理，将采用 RFID 技术时的最优订货量 q_{RF}^* 代入期望收益函数中，得到集中式供应链的期望收益为

$$\pi_{\mathrm{RF}}^*(r_{\mathrm{RF}}^*)=\frac{(1-(1-\delta)\alpha)r_{\mathrm{RF}}^*-c-t}{1-(1-\delta)\alpha}\left(k-ar_{\mathrm{RF}}^*+\frac{((1-(1-\delta)\alpha)r_{\mathrm{RF}}^*-c-t)\varepsilon}{2(1-(1-\delta)\alpha)(r_{\mathrm{RF}}^*-s)}\right)-K \tag{3-44}$$

其中，采用 RFID 技术情形下的最优零售价格 r_{RF}^* 由式（3-45）得到：

$$\frac{\partial E(\pi_{\mathrm{RF}}(r_{\mathrm{RF}},q^*(r_{\mathrm{RF}})))}{\partial r_{\mathrm{RF}}}=K-a\left(2r-\frac{c+t}{1-(1-\delta)\alpha}\right)+\int_0^{F^{-1}\left(\frac{(1-(1-\delta)\alpha)r-c-t}{(1-(1-\delta)\alpha)(r-s)}\right)}(1-F(x))\mathrm{d}x=0 \tag{3-45}$$

通过比较采用 RFID 技术前后集中式供应链的期望收益得到如下性质。

性质 3.16：（1）存在关于 RFID 损耗改进率的临界值 δ^*，当 RFID 损耗改进率满足 $\delta \geqslant \delta^*$ 时，集中式供应链在采用 RFID 技术情形下的期望收益大于不采用 RFID 技术的情形，即 $\pi_{\mathrm{RF}}(r_{\mathrm{RF}}^*)\geqslant\pi(r^*)$。其中，

$$\delta^*=\frac{c+t}{\left(\alpha\left(r_{\mathrm{RF}}^*-\frac{r_{\mathrm{RF}}^*-s}{\varepsilon}\left(ar_{\mathrm{RF}}^*-K+\sqrt{(k-ar_{\mathrm{RF}}^*)^2+\frac{2\varepsilon(K+\pi^*(r^*))}{r_{\mathrm{RF}}^*-s}}\right)\right)\right)}-\frac{1-\alpha}{\alpha}$$

（2）当 RFID 固定成本 K 取定值时，存在 RFID 变动标签成本的临界值 t^*，当标签成本满足 $t\leqslant t^*$ 时，集中式供应链在采用 RFID 技术的情形下能够获得更多的收益，即 $\pi_{\mathrm{RF}}(r_{\mathrm{RF}}^*)\geqslant\pi(r^*)$，其中

$$t^*=\left(r_{\mathrm{RF}}^*-\frac{r_{\mathrm{RF}}^*-s}{\varepsilon}\left(ar_{\mathrm{RF}}^*-K+\sqrt{(k-ar_{\mathrm{RF}}^*)^2+\frac{2\varepsilon(K+\pi^*(r^*))}{r_{\mathrm{RF}}^*-s}}\right)\right)(\alpha\delta+1-\alpha)-c$$

（3）当 RFID 标签成本 t 一定时，存在 RFID 固定成本的临界值 K^*，当固定成本满足 $K\leqslant K^*$ 时，$\pi_{\mathrm{RF}}(r_{\mathrm{RF}}^*)\geqslant\pi(r^*)$，其中，

$$K^*=\frac{(1-(1-\delta)\alpha)r_{\mathrm{RF}}^*-c-t}{1-(1-\delta)\alpha}\left(k-ar_{\mathrm{RF}}^*+\frac{((1-(1-\delta)\alpha)r_{\mathrm{RF}}^*-c-t)\varepsilon}{2(1-(1-\delta)\alpha)(r_{\mathrm{RF}}^*-s)}\right)-\pi^*(r^*)$$

由性质 3.16 可知关于 RFID 损耗改进率、RFID 标签成本和 RFID 固定成本的临界值，当以上参数满足临界约束时，采用 RFID 技术解决库存不准确问题的效益高于 RFID 技术的投资成本。

2. 分散式供应链 RFID 技术投资效益分析

在分散式供应链中，制造商确定的目标销售水平 T 可能大于或小于最低需求水平 $\eta(r)$，因此分两类情形进行讨论。假设商品需求函数中的随机变量 x 服从均匀分布 $U[0,\varepsilon]$，且零售商投资 RFID 技术的收益为 $\mathrm{inc}_{Ri}^*=\pi_{\mathrm{RF},Ri}-\pi_{Ri}$，制造商投资 RFID 技术的收益为 $\mathrm{inc}_{Mi}^*=\pi_{\mathrm{RF},Mi}-\pi_{Mi}$，其中 $i=1,2$，分别表示目标销售水平的两种情形。

首先，当制造商确定的目标销售水平满足 $T < \eta(r)$ 时，根据上述假设，零售商投资 RFID 技术的收益可表示为

$$\mathrm{inc}_{R1}^{*} = \frac{(1-(1-\delta)\alpha)(r_{\mathrm{RF},R1}^{*}+u) - w - \theta_t t}{1-(1-\delta)\alpha} \times \left(k - a r_{\mathrm{RF},R1}^{*} + \frac{((1-(1-\delta)\alpha)(r_{\mathrm{RF},R1}^{*}+u) - w - \theta_t t)\varepsilon}{2(1-(1-\delta)\alpha)(r_{\mathrm{RF},R1}^{*} - b + u)} \right) - \theta_K K - \frac{\lambda(r_{R1}^{*}+u) - w + b\beta}{\lambda}\left(k - a r_{R1}^{*} + \frac{(\lambda(r_{R1}^{*}+u) - w + b\beta)\varepsilon}{2\lambda(r_{R1}^{*} - b + u)} \right)$$

其中分散式供应链在采用 RFID 技术前后的最优零售价格分别为

$$\frac{\partial E(\pi_{R1})}{\partial r_{R1}^{*}} = K - a\left(2r_{R1}^{*} - \frac{w - b\beta}{\lambda} + u \right) + \int_0^{\lambda q^{*}(r_{R1}^{*}) - \eta(r_{R1}^{*})} (1 - F(x))\mathrm{d}x = 0$$

$$\frac{\partial E(\pi_{RF,R1})}{\partial r_{\mathrm{RF},R1}^{*}} = K - a\left(2r_{\mathrm{RF},R1}^{*} - \frac{w + \theta_t t}{1-(1-\delta)\alpha} + u \right) + \int_0^{\lambda q^{*}(r_{\mathrm{RF},R1}^{*}) - \eta(r_{\mathrm{RF},R1}^{*})} (1 - F(x))\mathrm{d}x = 0$$

通过分析零售商投资 RFID 技术的收益 inc_{R1}^{*} 与 RFID 损耗改进率、RFID 技术的成本等参数的关系，得到如下性质。

性质 3.17：（1）存在关于 RFID 损耗改进率的临界值 δ_{R1}^{*}，当 RFID 损耗改进率满足 $\delta \geqslant \delta_{R1}^{*}$ 时，分散式供应链中零售商采用 RFID 技术的收益大于不采用 RFID 技术的收益，即 $\mathrm{inc}_{R1}^{*} > 0$。其中

$$\delta_{R1}^{*} = \frac{w + \theta_t t}{\left(\alpha \left(r_{\mathrm{RF},R1}^{*} - \frac{r_{\mathrm{RF},R1}^{*} - b + u}{\varepsilon} \left(a r_{\mathrm{RF},R1}^{*} - K + \sqrt{(k - a r_{\mathrm{RF},R1}^{*})^2 + \frac{2\varepsilon(\theta_K K + \pi^{*}(r^{*}))}{r_{\mathrm{RF},R1}^{*} - b + u}} \right) \right) \right)} - \frac{1-\alpha}{\alpha}$$

（2）当 RFID 固定成本 K 一定时，存在 RFID 标签成本的临界值 t_{R1}^{*}，当标签成本满足 $t \leqslant t_{R1}^{*}$ 时，分散式供应链中零售商采用 RFID 技术能够获得更多的收益，即 $\mathrm{inc}_{R1}^{*} > 0$，其中

$$t_{R1}^{*} = \frac{1}{\theta_t}\left(w - \left(\alpha \left(r_{\mathrm{RF},R1}^{*} - \frac{r_{\mathrm{RF},R1}^{*} - b + u}{\varepsilon}\left(a r_{\mathrm{RF},R1}^{*} - K + \sqrt{(k - a r_{\mathrm{RF},R1}^{*})^2 + \frac{2\varepsilon(\theta_K K + \pi^{*}(r^{*}))}{r_{\mathrm{RF},R1}^{*} - b + u}} \right) \right) \right) \left(\delta + \frac{1-\alpha}{\alpha} \right) \right)$$

（3）当 RFID 标签成本 t 一定时，存在 RFID 固定成本临界值 K_{R1}^{*}，当固定成本满足 $K \leqslant K_{R1}^{*}$ 时，分散式供应链中零售商采用 RFID 技术能够获得更多的收益，即 $\mathrm{inc}_{R1}^{*} > 0$，其中

$$K_{R1}^{*} = \frac{(1-(1-\delta)\alpha)(r_{\mathrm{RF},R1}^{*}+u)-w-\theta_t t}{\theta_K(1-(1-\delta)\alpha)} \times \left(k - a r_{\mathrm{RF},R1}^{*} + \frac{((1-(1-\delta)\alpha)(r_{\mathrm{RF},R1}^{*}+u)-w-\theta_t t)\varepsilon}{2(1-(1-\delta)\alpha)(r_{\mathrm{RF},R1}^{*}-b+u)}\right) - \frac{\pi_{R1}^{*}}{\theta_K}$$

由性质 3.17 可得分散式供应链中零售商投资 RFID 技术的收益关于 RFID 损耗改进率、RFID 标签成本和 RFID 固定成本的临界值，从而得出了零售商投资 RFID 技术的各类成本的临界值，满足采用 RFID 技术解决库存不准确问题的效益高于 RFID 技术的投资成本。

采用相同的方法分析目标销售水平满足 $\eta(r) < T$ 的情形，得到分散式供应链投资 RFID 技术获得效益的临界条件。

第 4 章　基于回购契约的零售供应链 RFID 技术投资决策研究

4.1　不采用 RFID 技术的零售供应链决策模型

4.1.1　问题描述

考虑由单制造商和单零售商组成的销售单一商品的两级零售供应链。为了便于分析，假设商品是易逝品，且订货周期较长。如果零售商货架上的商品不能满足市场需求，将会给整条供应链带来信誉损失。反之，未售出商品在各阶段发生的库存维持费用将由零售商承担。在零售行业，库存不准确问题普遍存在，对于零售超市货架上商品不能正常销售的原因，本书同时考虑商品错放和商品损耗两种情况。假设商品错放率为 α，商品损耗率为 β，则可以用于正常销售的商品数量 $q=(1-\alpha-\beta)Q$。为了保证企业的正常运作，α,β 要满足 $0\leqslant\alpha\leqslant1$，$0\leqslant\beta\leqslant1$，$0\leqslant\alpha+\beta\leqslant1$。不论是错放的商品还是损耗的商品，都不能在当前销售季节内正常售出，但是不同之处在于，错放的商品在销售季末盘点时可获取残值，而损耗商品的价值在销售季节内完全丢失，无法为企业带来任何的收入。具体参数说明和基本假设如下。

1. 参数说明

模型中涉及参数及其定义如表 4.1 所示。

表 4.1　模型参数设定

参数	参数定义
g_1	缺货造成零售商的单位信誉损失
g_2	缺货造成制造商的单位信誉损失
g	缺货造成供应链的单位信誉损失
h	未售出商品在各阶段发生的单位库存费用
c	单位商品的生产成本

续表

参数	参数定义
w_i ($i=0$或1)	采用 RFID 技术前后制造商给予零售商的单位商品批发价格
b_i ($i=0$或1)	采用 RFID 技术前后制造商提供的单位商品回购价格
p	单位商品的零售价格
v	销售季末单位商品的残值
Q	零售商向制造商订购的商品数量
Π_{Mi}^{b} ($i=0$或1)	回购契约下采用 RFID 技术前后制造商期望利润
Π_{Ri}^{b} ($i=0$或1)	回购契约下采用 RFID 技术前后零售商期望利润
Π_{ti} ($i=0$或1)	采用 RFID 技术前后集中式供应链总期望利润
x	顾客需求随机变量
$f(x)$	随机变量 x 的概率密度函数
$F(x)$	随机变量 x 的概率分布函数
M	随机变量 x 的数学期望
Σ	随机变量 x 的标准偏差
α	商品错放率
β	商品损耗率

2. 基本假设

（1）假设市场需求随机，如果实际需求大于零售商的订货量，将会产生缺货成本；反之，产生过量库存持有成本。

（2）制造商和零售商是风险中性和完全理性的，同时认为制造商与零售商之间信息完全对称。

（3）供应链缺货损失满足线性关系，即 $g=g_1+g_2$。

（4）为保证制造商和零售商各自的利润，假设参数间存在以下关系：$0<v<b_i<c<w_i<p(i=0或1)$。由于零售商不能从未售出商品中获利，所以有 $w_i-v>b_i$ ($i=0或1$)。

（5）顾客需求随机变量 x 的概率密度函数为 $f(x)$，概率分布函数为 $F(x)$，$F(x)$ 可微且单调递增，$F(x)\geqslant 0, F(0)=0$。

4.1.2 集中式供应链模型

在集中式供应链中，制造商和零售商作为同一个决策者，生产 Q 个商品，并直接以零售价格 p 提供给消费者。其目的是通过确定一个最优的订货量（或生产量），使供应链整体利润最大化。

不采用 RFID 技术的集中式供应链的利润函数如下：

$$\Pi=\begin{cases} pq+v\alpha Q-g(x-q)-h\alpha Q-cQ, & q\leqslant x<+\infty \\ px+v((q-x)+\alpha Q)-h((q-x)+\alpha Q)-cQ, & 0<x<q \end{cases} \tag{4-1}$$

当 $q\leqslant x<+\infty$ 时，式（4-1）中，第一项表示销售收入；第二项表示错放商品的残值；第三项表示缺货损失；第四项表示错放商品引发的库存持有成本；第五项表示商品的生产成本。当 $0<x<q$ 时，式（4-1）各项分别表示销售收入、销售季末商品的残值、过剩商品的库存持有成本和商品的生产成本。

不采用 RFID 技术的集中式供应链的期望利润为

$$\begin{aligned}\Pi_{t0}&=p\left(q+\int_0^q(x-q)f(x)\mathrm{d}x\right)-g\int_q^{+\infty}(x-q)f(x)\mathrm{d}x\\&\quad-h\left(\int_0^q(q-x)f(x)\mathrm{d}x+\alpha Q\right)+v\left(\int_0^q(q-x)f(x)\mathrm{d}x+\alpha Q\right)-cQ\\&=p+g+h-v\int_0^q(x-q)f(x)\mathrm{d}x+\frac{(p+g)(1-\alpha-\beta)+\alpha(v-h)-c}{1-\alpha-\beta}q-g\mu\end{aligned} \tag{4-2}$$

式中，$p\left(q+\int_0^q(x-q)f(x)\mathrm{d}x\right)$ 表示销售收入；$g\int_q^{+\infty}(x-q)f(x)\mathrm{d}x$ 表示缺货成本；$h\left(\int_0^q(q-x)f(x)\mathrm{d}x+\alpha Q\right)$ 和 $v\left(\int_0^q(q-x)f(x)\mathrm{d}x+\alpha Q\right)$ 分别表示过剩商品的库存持有成本和销售季末商品的残值，两者均由滞销商品（$q-x$）和错放商品 αQ 两部分组成；cQ 表示商品的生产成本。

由于 $\dfrac{\partial^2(\Pi_{t0})}{\partial q^2}=-(p+g+h-v)f(q)<0$，所以 Π_{t0} 是关于 q 的严格凹函数，令 $\dfrac{\mathrm{d}\Pi_{t0}}{\mathrm{d}q}=\dfrac{\mathrm{d}\Pi_{t0}}{\mathrm{d}((1-\alpha-\beta)Q)}=0$，可求得供应链系统的最优订货量为

$$Q_0^* = \begin{cases} \dfrac{1}{1-\alpha-\beta} F^{-1}\left(\dfrac{(p+g)(1-\alpha-\beta)+\alpha(v-h)-c}{(1-\alpha-\beta)(p+g+h-v)}\right), & 0 \leqslant \alpha \leqslant \dfrac{p+g-c}{p+g+h-v}, \\ & 0 \leqslant \beta \leqslant \dfrac{p+g-c}{p+g}, \\ & 0 \leqslant \alpha+\beta \leqslant 1 \\ 0, & \text{其他} \end{cases} \tag{4-3}$$

当 $Q = Q_0^*$ 时，供应链期望利润最大为

$$\Pi_{t0}^* = \begin{cases} (p+g+h-v)\displaystyle\int_0^{(1-\alpha-\beta)Q_0^*} xf(x)\mathrm{d}x - g\mu, & 0 \leqslant \alpha \leqslant \dfrac{p+g-c}{p+g+h-v}, \\ & 0 \leqslant \beta \leqslant \dfrac{p+g-c}{p+g}, \\ & 0 \leqslant \alpha+\beta \leqslant 1 \\ 0, & \text{其他} \end{cases} \tag{4-4}$$

从式（4-3）可以看出，由于存在商品错放和损耗，零售商必须增加订货量来降低缺货成本和满足客户需求，但无疑会增加其库存成本。同时，从式（4-4）可以得到供应链盈利关键相关参数的取值范围：商品错放率 α 必须小于等于 $\dfrac{p+g-c}{p+g+h-v}$，同时商品损耗率 β 必须小于等于 $\dfrac{p+g-c}{p+g}$。否则，在零售商过于糟糕的经营状况下单纯调整订货量只会得不偿失，此时供应链最优订货策略是不订货。

4.1.3　分散式供应链模型

在两级分散式供应链中，制造商和零售商作为独立的供应链成员，遵循个体理性，各自追求自身利益最大化。零售商根据制造商提供的批发价格决定订货量 Q。

制造商的期望利润为

$$\Pi_{M0} = (w_0 - c)Q - g_2\int_q^{+\infty}(x-q)f(x)\mathrm{d}x \tag{4-5}$$

零售商的期望利润为

$$\begin{aligned}\Pi_{R0} &= p\left(q+\int_0^q (x-q)f(x)\mathrm{d}x\right)-g_1\int_q^{+\infty}(x-q)f(x)\mathrm{d}x-w_0Q \\ &\quad -h\left(\int_0^q (q-x)f(x)\mathrm{d}x+\alpha Q\right)+v\left(\int_0^q (q-x)f(x)\mathrm{d}x+\alpha Q\right) \\ &=(p+g_1+h-v)\int_0^q (x-q)f(x)\mathrm{d}x \\ &\quad +\frac{(p+g_1)(1-\alpha-\beta)+\alpha(v-h)-w_0}{1-\alpha-\beta}q-g_1\mu\end{aligned} \tag{4-6}$$

在分散式供应链模型中，求出式（4-6）关于 q 的二阶导数，可得

$$\frac{\partial^2(\Pi_{R0})}{\partial q^2}<0$$

令 $\dfrac{\mathrm{d}\Pi_{R0}}{\mathrm{d}q}=\dfrac{\mathrm{d}\Pi_{R0}}{\mathrm{d}((1-\alpha-\beta)Q)}=0$，得到零售商的最优订货量为

$$Q_{R0}^*=\begin{cases}\dfrac{1}{1-\alpha-\beta}F^{-1}\left(\dfrac{(p+g_1)(1-\alpha-\beta)+\alpha(v-h)-w_0}{(1-\alpha-\beta)(p+g_1+h-v)}\right), & 0\leqslant\alpha\leqslant\dfrac{p+g_1-w_0}{p+g_1+h-v}, \\ & 0\leqslant\beta\leqslant\dfrac{p+g_1-w_0}{p+g_1}, \\ & 0\leqslant\alpha+\beta\leqslant 1 \\ 0, & \text{其他}\end{cases} \tag{4-7}$$

由于 $\dfrac{(p+g_1)(1-\alpha-\beta)+\alpha(v-h)-w_0}{(1-\alpha-\beta)(p+g_1+h-v)}<\dfrac{(p+g)(1-\alpha-\beta)+\alpha(v-h)-c}{(1-\alpha-\beta)(p+g+h-v)}$，概率分布函数 $F(x)$ 是单调递增函数，比较式（4-7）和式（4-3）易知 $Q_{R0}^*<Q_0^*$。即分散式供应链最优订货量小于集中式供应链的最优订货量，相应地，其总利润也低于集中式供应链情形。由此可知在分散式供应链中，由于每个成员在决策时只考虑各自的边际效益，而不顾及系统的整体利益，不可避免地存在着双重边际化效应，导致供应链效率的损失。目前实现供应链协调的方法主要是供应链契约，即通过设计契约并调整契约参数（如价格、订货量等），促使供应链成员按照整个供应链利益最大化的目标做出决策，并进行合理的利润分配。本书研究设计回购契约来达到供应链的完美协调。

4.1.4 分散式供应链回购契约协调模型

回购契约大量应用于易逝品的供应链协调，是制造商为了刺激零售商增加订

货量给予零售商的一种补偿支付。具体内容是制造商承诺以一个合理的价格对零售商期末未售出商品进行回购，显然当零售供应链经营的产品市场需求不确定性大、商品期末残值低，即市场风险较高时，回购契约可以很好地实现零售供应链企业间的风险转移与分担。

假设在单制造商与单零售商组成的两级分散式供应链中缔结回购契约。零售商面临随机的市场需求，回购契约在销售季开始前制定，制造商要同时确定批发价格和回购价格。零售商依据制造商给定的契约参数，确定其最优订货量，在销售季节为制造商代销商品。而对于销售季末未售出的商品（包括季末盘点寻回的错放商品），制造商要进行完全回购。

回购契约下，零售商的期望利润为

$$
\begin{aligned}
\Pi_{R0}^{b} &= p\left(q+\int_{0}^{q}(x-q)f(x)\mathrm{d}x\right)-g_{1}\int_{q}^{+\infty}(x-q)f(x)\mathrm{d}x-w_{0}Q \\
&\quad -h\left(\int_{0}^{q}(q-x)f(x)\mathrm{d}x+\alpha Q\right)+b_{0}\left(\int_{0}^{q}(q-x)f(x)\mathrm{d}x+\alpha Q\right) \\
&=(p+g_{1}+h-b_{0})\int_{0}^{q}(x-q)f(x)\mathrm{d}x+\frac{(p+g_{1})(1-\alpha-\beta)+\alpha(b_{0}-h)-w_{0}}{1-\alpha-\beta}q-g_{1}\mu
\end{aligned}
\tag{4-8}
$$

制造商的期望利润为

$$
\begin{aligned}
\Pi_{M0}^{b} &= (w_{0}-c)Q-g_{2}\int_{q}^{+\infty}(x-q)f(x)\mathrm{d}x \\
&\quad -b_{0}\left(\int_{0}^{q}(q-x)f(x)\mathrm{d}x+\alpha Q\right)+v\left(\int_{0}^{q}(q-x)f(x)\mathrm{d}x+\alpha Q\right) \\
&=(b_{0}+g_{2}-v)\int_{0}^{q}(x-q)f(x)\mathrm{d}x+\frac{w_{0}+g_{2}(1-\alpha-\beta)+\alpha(v-b_{0})-c}{1-\alpha-\beta}q-g_{2}\mu
\end{aligned}
\tag{4-9}
$$

在分散式供应链回购契约协调模型中，求出式（4-9）关于 q 的二阶导数，可得

$$
\frac{\partial^{2}(\Pi_{M0})}{\partial q^{2}}<0
$$

同理，回购契约下零售商最优订货量为

$$
Q_{R0}^{b*}=\begin{cases}\dfrac{1}{1-\alpha-\beta}F^{-1}\left(\dfrac{(p+g_{1})(1-\alpha-\beta)+\alpha(b_{0}-h)-w_{0}}{(1-\alpha-\beta)(p+g_{1}+h-b_{0})}\right), & 0\leqslant\beta\leqslant\dfrac{p+g_{1}-w_{0}}{p+g_{1}},0\leqslant\alpha+\beta\leqslant 1 \\ 0, & \text{其他}\end{cases}
\tag{4-10}
$$

由于 $F(x)$ 单调递增，观察式（4-10）易知，制造商提供的回购价格 b_0 越高，零售商选择的最优订货量 Q_{R0}^{b*} 越大，即回购契约会激励零售商增加订货量。这是因为制造商通过回购契约，大大降低了零售商的风险。

根据供应链协调的要求，令 $Q_{R0}^{b*}=Q_0^*$，得

$$\frac{(p+g_1)(1-\alpha-\beta)+\alpha(b-h)-w_0}{(1-\alpha-\beta)(p+g_1+h-b_0)}=\frac{(p+g)(1-\alpha-\beta)+\alpha(v-h)-c}{(1-\alpha-\beta)(p+g+h-v)} \tag{4-11}$$

由此可得令供应链达到协调的回购契约关键参数满足：

$$\begin{aligned}w_0=&(1-\alpha-\beta)(p+g_1)+\alpha(b_0-h)\\&-\frac{(p+g_1+h-b_0)((p+g)(1-\alpha-\beta)+\alpha(v-h)-c)}{p+g+h-v}\end{aligned} \tag{4-12}$$

在满足式（4-12）的基础上，借鉴 Cachon（2003）对回购契约设计的思路，引入系数 λ_0，$0<\lambda_0<1$。则有

$$\begin{cases}b_0=\lambda_0(p+g+h-v)-g_2+v,\\w_0=\lambda_0((p+g)(1-\beta)-c)-g_2(1-\beta)+c,\end{cases}\quad\frac{g_2}{p+g+h-v}<\lambda_0<\frac{c+\beta g_2-2v}{h+c-v+\beta(p+g)} \tag{4-13}$$

此时制造商的期望利润为

$$\begin{aligned}\Pi_{M0}^b=&\lambda_0(p+g+h-v)\int_0^q(x-q)f(x)\mathrm{d}x-g_2\mu\\&+\lambda_0q\frac{(p+g)(1-\alpha-\beta)+\alpha(v-h)-c}{1-\alpha-\beta}\\=&\lambda_0\Pi_{t0}+\mu(\lambda_0g-g_2)\end{aligned} \tag{4-14}$$

零售商的期望利润为

$$\Pi_{R0}^b=\Pi_{t0}-\Pi_{M0}^b=(1-\lambda_0)\Pi_{t0}+\mu(g_2-\lambda_0g) \tag{4-15}$$

观察式（4-14），λ_0 可以大致解释为制造商在供应链利润中所占的份额。当 $g_1=g_2=0$ 时，λ_0 即为制造商所占的供应链利润的份额。需要说明的是，参数 λ_0 并不是回购契约的一部分，它的引入是为了更加清晰明了地阐释问题，凸显供应链成员对利润的分割。

双方通过在签订契约过程中的博弈，最终可以达成一致的利润分配方案。λ_0 的取值取决于制造商和零售商在供应链中的地位以及各自的谈判能力，此时，制造商提供的 (w_0, b_0) 策略组合可以确保供应链协调，实现整个供应链的利润最大化。

4.1.5　算例分析

1. 订货量 Q 对供应链期望利润的影响情况

假设在由单制造商和单零售商组成的两级零售供应链系统中，同时存在商品错放和商品损耗两种情况。各个具体参数说明为：$\alpha = 0.05, \beta = 0.05, v = 2,$ $g_1 = 6,\ g_2 = 4, g = 10$。假设顾客需求服从 $N(1000, 250^2)$ 的正态分布。

根据 4.1.2 节和 4.1.3 节所建立的供应链数学模型，在 MATLAB2007b 软件中编写相应的计算程序，计算得到订货量 Q 对集中式供应链总利润和分散式供应链中零售商利润的影响情况，结果如图 4.1 所示。供应链各方期望利润是订货量 Q 的严格凹函数，存在唯一的极值点使期望利润最大。显然分散式供应链中零售商选择的最优订货量 $(Q_{R0}^* = 1155)$ 小于集中式供应链的最优订货量 $(Q_0^* = 1265)$，相应地，分散式供应链总利润也低于集中式供应链总利润。可见由于分散式供应链成员不考虑整体利益，仅遵从个体理性、各自决策，不可避免地导致了双重边际化效应。在本算例中，双重边际化效应的存在对供应链整

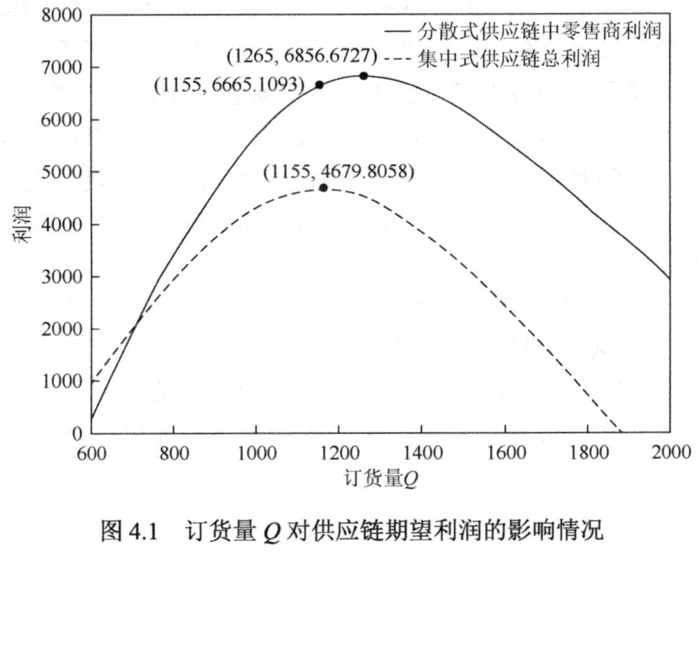

图 4.1　订货量 Q 对供应链期望利润的影响情况

体绩效的影响为 6856.6727−6665.1093 = 191.5634，绩效损失占集中式供应链总利润的 2.8%。因此，零售供应链企业借助协调机制来缓解或消除双重边际化效应十分必要。本书应用回购契约来实现供应链的协调，很好地解决了双重边际化效应问题。

2. 模型参数变动性分析

假设由单制造商和单零售商组成的两级零售供应链系统中缔结了回购契约，同时存在商品错放和商品损耗两种情况。零售商面临一个随机的市场需求，在销售季节为制造商代销商品，而对于销售季末未售出的商品（包括季末盘点寻回的错放商品），制造商进行完全回购。为考察不同零售价格水平下随机需求参数变动对回购契约下供应链协调的影响，假设参数 p 分别取 18，20，22，25。顾客需求服从 $N(\mu,\sigma^2)$ 的正态分布，这里 μ 取 1000，σ 分别取 100，250，300。其他参数满足 $\alpha=0.05,\beta=0.05,c=8,h=1,v=2,g_1=6,g_2=4,g=10$。由 4.1.4 节所建立的供应链数学模型，利用 MATLAB2007b 软件编写相应的计算程序，得到各指标值如表 4.2 所示。

通过对模型各项指标分析可得如下结论。

（1）在较高的零售价格水平下，制造商的策略组合 (w_0,b_0) 明显随着零售价格 p 的提高而提高了，同时回购契约协调下的最优订货量 Q_{R0}^{b*}，制造商的期望利润 Π_{M0}^b，零售商的期望利润 Π_{R0}^b 以及供应链的总期望利润 Π_{sc}^b 也都有所提高。即零售价格 p 与供应链各协调均衡值呈正相关关系。

（2）当其他条件不变，随机需求参数 σ 增大，即市场需求波动增大时，回购契约协调下的最优订货量 Q_{R0}^{b*} 虽然随着需求参数 σ 的增加而增加，但供应链各方期望利润及总期望利润均减少了。说明由于市场需求波动大，商品需求的不确定性增大，零售商对市场需求的预测能力下降，因为面临比较高的市场风险，虽然提高了商品订货量但是期望利润还是有所减少。显然，供应链企业需要互相协作来进行风险分担，如制造商和零售商进行联合预测以提高对市场需求预测的准确度，实现共赢。

（3）在相同的零售价格水平下，制造商的策略组合 (w_0,b_0) 中批发价格 w_0 和回购价格 b_0 随着 λ_0 值的增加而不断增加；同时，制造商的期望收益 Π_{M0}^b 不断增加，零售商的期望收益 Π_{R0}^b 不断降低，回购契约的缔结使供应链利润被重新分配。可见 λ_0 值在一定程度上反映了制造商和零售商在供应链契约制定过程中的地位。

表 4.2　模型指标分析表

		$p=18$			$p=20$			$p=22$			$p=25$		
		$\sigma=100$	$\sigma=250$	$\sigma=300$	$\sigma=100$	$\sigma=250$	$\sigma=300$	$\sigma=100$	$\sigma=250$	$\sigma=300$	$\sigma=100$	$\sigma=250$	$\sigma=300$
	Q_{R0}^{b*}	1 173.0	1 265.0	1 296.0	1 179.0	1 281.0	1 315.0	1 185.1	1 296.1	1 333.1	1 193.0	1 316.0	1 357.0
	Π_{sc}^{b}	8 242.3	6 856.7	6 407.9	10 208.0	8 770.1	8 305.1	12 176.0	10 691.0	10 212.0	15 133.0	13 585.0	13 085.0
$\lambda_0=0.25$	(w_0,b_0)	（8.85，4.7）			（9.325，5.25）			（9.8，5.75）			（10.5，6.5）		
	Π_{M0}^{b}	560.6	214.2	102.0	1 051.9	692.5	576.3	1 544.0	1 172.8	1 052.9	2 283.3	1 896.1	1 771.4
	Π_{R0}^{b}	7 681.7	6 642.5	6 305.9	9 155.7	8 077.6	7 728.9	10 632.0	9 518.3	9 158.7	12 850.0	11 688.0	11 314.0
$\lambda_0=0.3$	(w_0,b_0)	（9.78，6.1）			（10.35，6.7）			（10.9，7.3）			（11.8，8.2）		
	Π_{M0}^{b}	1 472.7	1 057.0	922.36	2 062.3	1 631.0	1 491.5	2 652.8	2 207.3	2 063.5	3 540.0	3 075.4	2 925.6
	Π_{R0}^{b}	6 769.6	5 799.7	5 485.5	8 145.3	7 139.1	6 813.6	9 523.2	8 483.8	8 148.1	11 593.0	10 509.0	10 160.0
$\lambda_0=0.4$	(w_0,b_0)	（11.6，8.8）			（12.4，9.6）			（13.16，10.4）			（14.3，11.6）		
	Π_{M0}^{b}	3 296.9	2 742.7	2 563.1	4 083.0	3 508.0	3 322.1	4 870.4	4 276.5	4 084.6	6 053.3	5 433.8	5 234.2
	Π_{R0}^{b}	4 945.4	4 114.0	3 844.7	6 124.6	5 262.1	4 983.1	7 305.6	6 414.7	6 127.0	9 080.0	8 150.7	7 851.3
$\lambda_0=0.5$	(w_0,b_0)	（13.5，11.5）			（14.45，12.5）			（15.4，13.5）			（16.8，15）		
	Π_{M0}^{b}	5 121.1	4 428.3	4 203.9	6 103.8	5 385.0	5 152.6	7 088.0	6 345.6	6 105.8	8 566.6	7 792.3	7 542.7
	Π_{R0}^{b}	3 121.1	2 428.3	2 203.9	4 103.8	3 385.0	3 152.6	5 088.0	4 345.6	4 105.8	6 566.6	5 792.3	5 542.7

4.2 采用 RFID 技术的零售供应链决策模型

4.2.1 采用 RFID 技术的集中式供应链模型

本节考虑在由单制造商和单零售商组成的销售单一商品的两级零售供应链中引入 RFID 技术。假设 RFID 单位标签成本为 t；Π_{t1} 为采用 RFID 技术后集中式供应链总期望利润；w_1 为采用 RFID 技术后制造商给予零售商的单位商品批发价格；b_1 为采用 RFID 技术后制造商提供的单位商品回购价格；Π_{R1}^b 为回购契约下采用 RFID 技术后零售商期望利润；Π_{M1}^b 为回购契约下采用 RFID 技术后制造商期望利润。模型中涉及的其他变量及定义沿用 4.1.1 节的参数说明及基本假设。

RFID 技术被视为解决库存不准确问题的一个有前景的方案。这项技术包括固定成本和可变的安装成本的应用，会导致供应链的激励问题。本书的研究对象是零售供应链，对于大型连锁零售企业而言，如沃尔玛百货有限公司，其销售的商品数量和种类都十分巨大，大规模地将 RFID 技术应用到单品级商品上，标签成本将是一笔庞大的投资，此时制约 RFID 技术应用的最主要因素是标签成本费用。因此，本书仅考虑 RFID 技术应用的单位标签成本 t，商品的单位生产成本相应地由 t 变为 $c+t$ 。

对于零售供应链，采用 RFID 技术不仅可以降低人力成本，最重要的是保证供应链中的数据（特别是库存数据）完全准确，从而缓解供应链企业库存管理中普遍存在的库存记录与货架上实际可供货数量不一致的情况，即库存不准确问题。本书同时考虑商品错放和商品损耗两种情况引发的库存不准确问题。假设 RFID 阅读器的有效率是 100%，即理想情况，采用 RFID 技术后可以完全消除商品错放和商品损耗，即 $\alpha=\beta=0$ 。

因此，采用 RFID 技术的集中式供应链利润可以表示为

$$\Pi=\begin{cases}pQ-g(x-Q)-(c+t)Q, & Q\leqslant x<+\infty\\ px+(v-h)(Q-x)-(c+t)Q, & 0<x<Q\end{cases}\tag{4-16}$$

此时集中式供应链的期望利润为

$$\begin{aligned}\Pi_{t1}&=p\left(Q+\int_0^Q(x-Q)f(x)\mathrm{d}x\right)-g\int_Q^{+\infty}(x-Q)f(x)\mathrm{d}x\\&\quad-h\int_0^Q(Q-x)f(x)\mathrm{d}x+v\int_0^Q(Q-x)f(x)\mathrm{d}x-(c+t)Q\\&=(p+g+h-v)\int_0^Q(x-Q)f(x)\mathrm{d}x+(p+g-c-t)Q-g\mu\end{aligned}\tag{4-17}$$

在采用 RFID 技术的情形下，式（4-17）中，$p\left(Q+\int_0^Q (x-Q)f(x)\mathrm{d}x\right)$表示销售收入；$g\int_Q^{+\infty}(x-Q)f(x)\mathrm{d}x$ 表示缺货成本；$h\int_0^Q(Q-x)f(x)\mathrm{d}x$ 和 $v\int_0^Q(Q-x)f(x)\mathrm{d}x$ 分别表示过剩商品的库存持有成本和销售季末商品的残值。与式（4-2）不同，由于采用 RFID 技术完全消除了商品错放和商品损耗问题，可用于正常销售的商品数量即订货量 Q，只有真正供过于求的滞销商品（$Q-x$）才会产生库存持有成本并在销售季末获得残值；$(c+t)Q$ 表示商品的生产成本。

先求出式（4-17）关于 Q 的二阶导数，可得

$$\frac{\partial^2(\Pi_{t1})}{\partial Q^2}<0$$

对集中式供应链的期望利润函数关于订货量求导数，可得到零售商的最优订货量为

$$Q_1^*=\begin{cases}F^{-1}\left(\dfrac{p+g-c-t}{p+g+h-v}\right), & 0\leqslant t\leqslant p+g-c\\ 0, & 其他\end{cases} \tag{4-18}$$

此时集中式供应链最大期望利润可相应表示为

$$\Pi_{t1}^*=\begin{cases}(p+g+h-v)\int_0^{Q_1^*}xf(x)\mathrm{d}x-g\mu, & 0\leqslant t\leqslant p+g-c\\ 0, & 其他\end{cases} \tag{4-19}$$

由以上分析可知，当 RFID 标签成本 t 满足$0\leqslant t\leqslant p+g-c$时，供应链能够获得最大的正期望利润；否则，供应链最优决策是不订货，利润为零。可见 RFID 技术的成本是制约其在供应链中应用的关键问题。这与目前的 RFID 技术应用现状相符，学者研究认为：为了使 RFID 技术在零售业广泛应用，单一电子标签的价格在 5～10 年内需要从目前的 0.5 美元下降至 0.05 美元。因此，尽管 RFID 技术的种种优势对零售企业来说很有诱惑力，但是目前标签成本依然过高，应用 RFID 技术带来的成本负担制约了其在供应链中的应用。

4.2.2　采用 RFID 技术的分散式供应链回购契约协调模型

为消除双重边际效应给供应链带来的影响，实现供应链整体绩效最优，在引入 RFID 技术的单制造商与单零售商组成的两级分散式供应链中缔结回购契约。此时在回购契约下，采用 RFID 技术的零售商的期望利润为

$$\begin{aligned}\Pi_{R1}^{b}&=p\left[Q+\int_0^Q(x-Q)f(x)\mathrm{d}x\right]-g_1\int_Q^{+\infty}(x-Q)f(x)\mathrm{d}x\\&\quad-h\int_0^Q(Q-x)f(x)\mathrm{d}x+b_1\int_0^Q(Q-x)f(x)\mathrm{d}x-w_1Q\\&=(p+g_1+h-b_1)\int_0^Q(x-Q)f(x)\mathrm{d}x+(p+g_1-w_1)Q-g_1\mu\end{aligned}\tag{4-20}$$

制造商的期望利润为

$$\begin{aligned}\Pi_{M1}^{b}&=(w_1-c-t)Q-g_2\int_Q^{+\infty}(x-Q)f(x)\mathrm{d}x-b_1\int_0^Q(Q-x)f(x)\mathrm{d}x\\&\quad+v\int_0^Q(Q-x)f(x)\mathrm{d}x\\&=(b_1+g_2-v)\int_0^Q(x-Q)f(x)\mathrm{d}x+(w_1+g_2-c-t)Q-g_2\mu\end{aligned}\tag{4-21}$$

先求出式（4-20）关于 Q 的二阶导数，可得

$$\frac{\partial^2(\Pi_{R1})}{\partial Q^2}<0$$

对零售商关于订货量求导数，可得零售商的最优订货量为

$$Q_{R1}^{b*}=F^{-1}\left(\frac{p+g_1-w_1}{p+g_1+h-b_1}\right)\tag{4-22}$$

为解决双重边际效应问题，实现供应链协调，应使 $Q_{R1}^{b*}=Q_1^*$，得

$$\frac{p+g_1-w_1}{p+g_1+h-b_1}=\frac{p+g-c-t}{p+g+h-v}\tag{4-23}$$

由式（4-23）即可得采用 RFID 技术之后，供应链协调的 b 与 w 的关系式。整理得

$$w_1=p+g_1-\frac{(p+g-c-t)(p+g_1+h-b_1)}{p+g+h-v}\tag{4-24}$$

从式（4-24）中可以看出，一旦确定了回购价格 b_1 就能确定批发价格 w_1，对应的最优订货量 Q^* 也可以确定。不仅如此，采用 RFID 技术后，易知由于标签成本 t 的存在会使商品的批发价格 w_1 随着 t 的增加而增加。同样引入系数 λ_1，$0<\lambda_1<1$。则有

$$\begin{cases}b_1=\lambda_1(p+g+h-v)-g_2+v,\\w_1=\lambda_1(p+g-c-t)-g_2+c+t,\end{cases}\quad\frac{g_2}{p+g+h-v}<\lambda_1<\frac{c+t-2v}{h+c+t-v}\tag{4-25}$$

此时制造商的期望利润可表示为

$$\begin{aligned}\Pi_{M1}^{b}&=\lambda_1(p+g+h-v)\int_0^Q(x-Q)f(x)\mathrm{d}x+\lambda_1(p+g-c-t)Q-g_2\mu\\&=\lambda_1\Pi_{t1}+\mu(\lambda_1g-g_2)\end{aligned}\tag{4-26}$$

零售商的期望利润为

$$\Pi_{R1}^{b}=\Pi_{t1}-\Pi_{M1}^{b}=(1-\lambda_{1})\Pi_{t1}+\mu(g_{2}-\lambda_{1}g) \tag{4-27}$$

由以上分析可知，取不同的 λ_1 值会出现不同的 (w_1,b_1) 策略组合，显然，随着 λ_1 的增加，零售商的利润不断下滑，而制造商的利润不断增加。即采用 RFID 技术后，通过回购契约可以实现供应链的完美协调。

4.2.3 算例分析

1. 参数变动性分析

考虑由单制造商和单零售商组成的两级零售供应链系统。各个具体参数假设为：$\alpha=0.05,\beta=0.05,c=8,p=18,h=1,w=10,v=2,g_1=6,g_2=4,g=10$。假设顾客需求服从 $N(1000,250^2)$ 的正态分布。取标签成本 $t=0.3$，分别计算采用 RFID 技术前后模型的各项指标。

根据本节所建立的供应链数学模型，在 MATLAB2007b 软件中编写相应计算程序，得到各指标如表 4.3 所示。图 4.2（a）为存在错放和损耗的分散式供应链利润随 λ_0 变化的规律，图 4.2（b）为采用 RFID 技术的分散式供应链利润随 λ_1 变化的规律，可以看出分别当 $\lambda_0=0.441$ 和 $\lambda_1=0.443$ 时，制造商与零售商的利润相等。

由表 4.3 和图 4.2 可知，当标签价格比较合适时，采用 RFID 技术后的供应链与存在库存数据不准确的供应链相比，最优订货量明显降低了，因为 RFID 技术完全解决了商品错放和商品损耗问题，提高了库存可视度，从而使平均库存水平有效降低。虽然订货量降低了，但总利润以及供应链成员各自利润均增加了，此时采用 RFID 技术对供应链是有益的。缔结了回购契约后，供应链实现协调，总利润达到了相应的集中式的状态；批发价格和回购价格随着 λ 值的增加而不断增加；同时，制造商的期望收益不断增加，零售商的期望收益不断降低，回购契约的缔结使供应链利润重新分配。

表 4.3　模型指标分析表

<table>
<tr><th colspan="2">系统状态</th><th>λ_i</th><th>(w_i,b_i)</th><th>Q^*</th><th>Π_{Ri}^{b}</th><th>Π_{Mi}^{b}</th><th>Π_{ti}</th></tr>
<tr><td rowspan="2">集中式供应链</td><td>同时存在错放和损耗</td><td></td><td></td><td>1265</td><td></td><td></td><td>6856.7</td></tr>
<tr><td>采用 RFID 技术</td><td></td><td></td><td>1153</td><td></td><td></td><td>7467.6</td></tr>
<tr><td rowspan="6">回购契约下的分散式供应链</td><td rowspan="6">同时存在错放和损耗</td><td>0.25</td><td>（8.85，4.75）</td><td>1265</td><td>6642.5</td><td>214.2</td><td>6856.7</td></tr>
<tr><td>0.30</td><td>（9.78，6.10）</td><td>1265</td><td>5799.7</td><td>1057.0</td><td>6856.7</td></tr>
<tr><td>0.35</td><td>（10.71，7.45）</td><td>1265</td><td>4956.9</td><td>1899.8</td><td>6856.7</td></tr>
<tr><td>0.40</td><td>（11.64，8.80）</td><td>1265</td><td>4114.0</td><td>2742.7</td><td>6856.7</td></tr>
<tr><td>0.45</td><td>（12.57，10.15）</td><td>1265</td><td>3271.2</td><td>3585.5</td><td>6856.7</td></tr>
<tr><td>0.50</td><td>（13.5，11.50）</td><td>1265</td><td>2428.3</td><td>4428.4</td><td>6856.7</td></tr>
</table>

续表

系统状态		λ_i	(w_i, b_i)	Q^*	Π_{Ri}^b	Π_{Mi}^b	Π_{ti}
回购契约下的分散式供应链	采用 RFID 技术	0.25	（9.23，4.75）	1153	7100.7	366.9	7467.6
		0.30	（10.21，6.10）	1153	6227.3	1240.3	7467.6
		0.35	（11.20，7.45）	1153	5354.0	2113.6	7467.6
		0.40	（12.18，8.80）	1153	4480.5	2987.1	7467.6
		0.45	（13.17，10.15）	1153	3607.2	3860.4	7467.6
		0.50	（14.15，11.50）	1153	2733.8	4733.8	7467.6

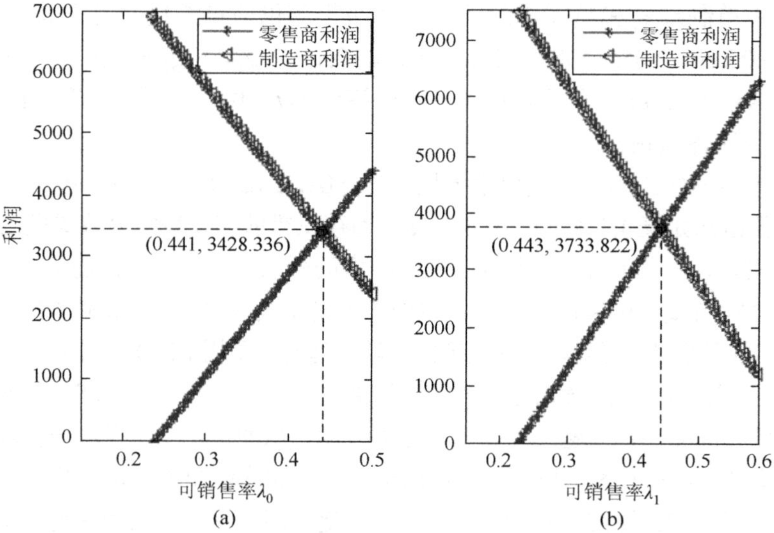

图 4.2　采用 RFID 技术前后回购契约情形期望利润情况

2. 商品损耗量对最优订货决策的影响

取商品损耗率 β 为变量，其他已知条件与 4.1.5 节的算例相同，计算不采用 RFID 技术的零售供应链中 β 对最优订货量和供应链各方利润的影响情况。

本书不仅考虑了商品错放引起的零售商订货量的变化，还将模型扩展研究了商品损耗这一因素对订货量的影响。在同时存在商品错放和商品损耗的分散式供应链中，当商品错放率一定 $(\alpha = 0.05)$ 时，随着商品损耗率 β 的增加，零售商不得不提高订货量来满足顾客需求。如图 4.3 所示，当损耗率 $\beta = 0.6$ 时，零售商的最优订货量取得最大值 2245。而当 β 超过 0.67 时，由于商品损耗率过高，零售商订货满足客户的需求，同时大大增加了损耗商品的数量，此时提高订货量会使利润减少，最优订货策略是不订货。

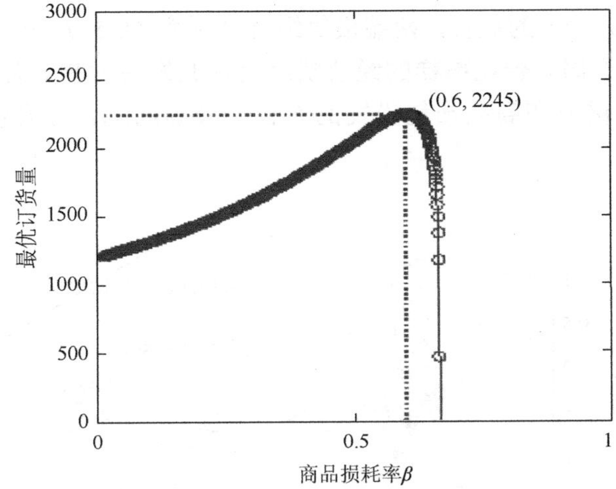

图 4.3　商品损耗率 β 对最优订货量的影响

取制造商和零售商利润相等的 λ 值（0.441），同样利用 MATLAB2007b 计算可以得到商品损耗率 β 对零售商、制造商及供应链总期望利润的影响情况，结果如图 4.4 所示。随着商品损耗率 β 的增加，供应链各方的期望利润不断降低。当商品损耗率 $\beta=0.44$ 时，供应链期望利润为零。当 β 超过这一临界值时，零售商继续订货会给所有供应链成员企业带来更多损失。因此，在商品损耗率较高的企业中迫切需要采用 RFID 技术来消除商品损耗引发的库存不准确问题。

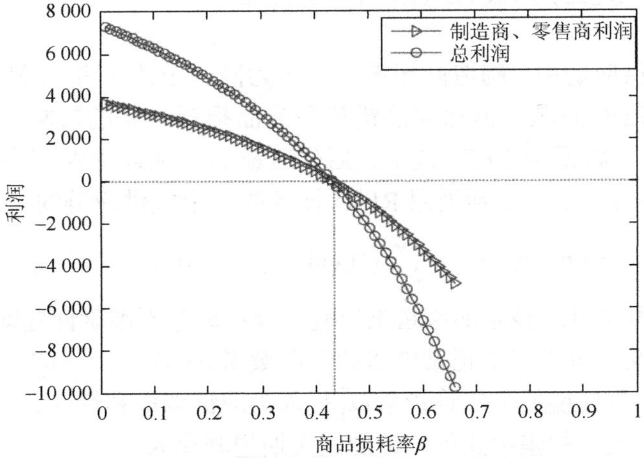

图 4.4　商品损耗率 β 对期望利润的影响

在同时存在商品错放和商品损耗的零售供应链中，零售企业经营状况（通过 α、β 值体现）直接影响企业的盈利状况，如图 4.5 中标注的直线代表所有使总利润为零的点（α，β）的集合，两端极值组合分别为（0.517，0）和（0，0.477）。超出这些临界组合时，企业糟糕的经营状况会使其发生亏损。而 RFID 技术可以有效地解决商品错放和商品损耗引发的库存不准确问题，提升供应链整体运作绩效。

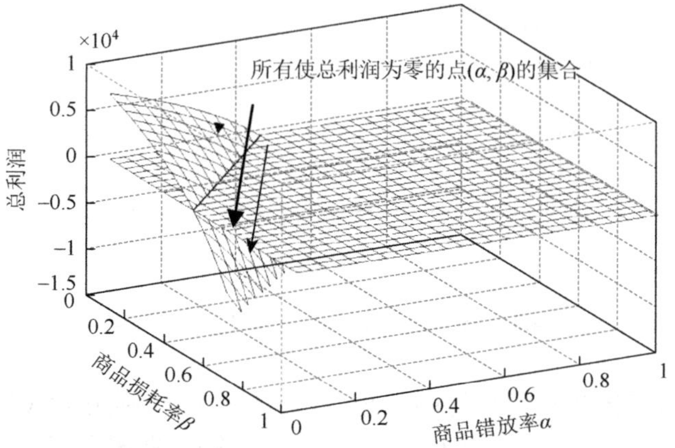

图 4.5　商品错放率 α、商品损耗率 β 对供应链总利润的影响

4.3　零售供应链 RFID 技术投资决策分析

4.3.1　集中式供应链 RFID 技术投资决策

在集中式供应链中，制造商和零售商作为同一个决策者，采用 RFID 技术可以解决库存不准确问题，消除商品错放和商品损耗带来的影响，但同时要承担 RFID 标签成本。将采用 RFID 技术之后供应链的最优订货量 Q_1^* 代入供应链期望利润函数式（4-2）中，得到采用 RFID 技术的集中式供应链的最大期望利润为

$$\Pi_{t1}^* = (p+g+h-v)\int_0^{Q_1^*} xf(x)\mathrm{d}x - g\mu, \quad 0 \leqslant t \leqslant p+g-c \tag{4-28}$$

对于不采用 RFID 技术的零售供应链，存在库存不准确问题即有商品错放和商品损耗的情况，可以用于正常销售的商品数量 $q=(1-\alpha-\beta)Q$ 。同理，将不采用 RFID 技术的供应链的最优订货量 Q_0^* 代入供应链期望利润函数式（4-2）中，得到不采用 RFID 技术的集中式供应链的最大期望利润为

$$\Pi_{t0}^* = (p+g+h-v)\int_0^{(1-\alpha-\beta)\,Q_0^*} xf(x)\mathrm{d}x - g\mu \tag{4-29}$$

式中，α,β 满足 $0 \leqslant \alpha \leqslant \dfrac{p+g-c}{p+g+h-v}$，$0 \leqslant \beta \leqslant \dfrac{p+g-c}{p+g}$，$0 \leqslant \alpha+\beta \leqslant 1$。

将采用 RFID 技术后供应链最大期望利润与存在库存数据不准确问题时供应链最大期望利润进行差值运算，得

$$\varDelta_0 = \varPi_{t1}^* - \varPi_{t0}^* = (p+g+h-v)\int_{(1-\alpha-\beta)Q_0^*}^{Q_1^*} xf(x)\mathrm{d}x \tag{4-30}$$

令 $\varDelta_0 \geqslant 0$，得

$$Q_1^* \geqslant (1-\alpha-\beta)Q_0^* \tag{4-31}$$

即

$$F^{-1}\left(\frac{p+g-c-t}{p+g+h-v}\right) \geqslant F^{-1}\left(\frac{(p+g)(1-\alpha-\beta)+\alpha(v-h)-c}{(1-\alpha-\beta)(p+g+h-v)}\right) \tag{4-32}$$

由于 $F(x)$ 是关于 x 的增函数，得到 $F^{-1}(x)$ 也是 x 的增函数，从而有

$$\frac{p+g-c-t}{p+g+h-v} \geqslant \frac{(p+g)(1-\alpha-\beta)+\alpha(v-h)-c}{(1-\alpha-\beta)(p+g+h-v)} \tag{4-33}$$

将式（4-33）整理得出集中式供应链企业投资 RFID 技术的决策条件为

$$t \leqslant \frac{\alpha(c+h-v)+\beta c}{1-\alpha-\beta} \tag{4-34}$$

因此，标签成本 t 存在一个临界值 $t_{\mathrm{cr}} = \dfrac{\alpha(c+h-v)+\beta c}{1-\alpha-\beta}$，使当 $t \leqslant t_{\mathrm{cr}}$ 时，RFID 技术的采用是供应链增值的重要手段，零售供应链企业投资适宜采用 RFID 技术。反之，不采用 RFID 技术对供应链是有益的，因为此时 RFID 技术引入成本高于其带来的收益，技术创新反而会造成供应链利润的减少。

观察式（4-34）可以进一步得到以下结论。

（1）缺货成本 g 仅关系到采用 RFID 技术后零售供应链是否能够盈利 $(0 \leqslant t \leqslant p+g-c)$。标签成本的临界值与缺货成本 g 无关。换言之，零售供应链企业 RFID 技术的投资决策不受缺货成本的影响。

（2）商品的单位生产成本 c、库存成本 h 均与标签成本的临界值 t_{cr} 存在正向线性关系，即 t_{cr} 随着 c、h 的提高而提高，随 c、h 的降低而降低；对于残值 v 越低的商品，如易变质品，供应链企业可负担的最大标签成本 t_{cr} 越大。

（3）同时存在商品错放和商品损耗的供应链中，当商品的单位生产成本 c、库存成本 h 以及残值 v 既定时，RFID 标签成本临界值 t_{cr} 与 α，β 均非线性正相关。α，β 越大，即商品错放率和商品损耗率越高，企业改善其运营效率的意愿会越强，投资 RFID 技术的积极性越高。

综上，零售供应链企业可以通过以往销售经验和库存盘点统计规律来确定自身的经营状况，即 α，β 值的大小，综合考虑商品的单位生产成本、库存成本与残值来决定是否进行 RFID 技术的投资。

4.3.2　回购契约下的分散式供应链 RFID 技术投资决策

在分散式供应链中，制造商和零售商作为不同的决策主体，RFID 技术的投资决策需要制造商与零售商双方协商制定，因为不管是谁承担标签成本，都会对各自的利润造成影响。只有当采用 RFID 技术之后双方的期望利润都不比之前低时，才能达成一致的决策。

缔结了回购契约后，分散式供应链可以实现协调，其总利润与集中式供应链的总利润相等，故契约协调的分散式供应链采用 RFID 技术后总利润变化为

$$\varDelta_1 = \varDelta_0 = \varPi_{t1}^{*} - \varPi_{t0}^{*} \tag{4-35}$$

由式（4-35）知，技术投资 t 的存在，使制造商拥有更多的 (w_1, b_1) 策略组合，拓展了供应链协调的空间，增强了供应链进行利润分配与风险分担的柔性。当 $b_0 = b_1$，即 $\lambda_0 = \lambda_1 = \lambda$ 时，由式（4-8）、式（4-9）以及式（4-20）、式（4-21）可得到采用 RFID 技术之后制造商和零售商各自的期望利润差为

$$\begin{cases} \varDelta_M = \varPi_{M1}^{b} - \varPi_{M0}^{b} = \lambda(\varPi_{t1} - \varPi_{t0}) = \lambda\varDelta_0 \\ \varDelta_R = \varPi_{R1}^{b} - \varPi_{R0}^{b} = (1-\lambda)(\varPi_{t1} - \varPi_{t0}) = (1-\lambda)\varDelta_0 \end{cases} \tag{4-36}$$

由 λ 的范围 $(0 < \lambda < 1)$ 易知，契约协调的分散式供应链投资 RFID 技术的决策条件与集中式供应链的决策条件一致，即 $\varDelta_0 \geqslant 0$。故无论是在集中式供应链中还是在协调的分散式供应链中，在决策采用 RFID 技术时存在相同的标签成本临界值：

$$t_{\mathrm{cr}} = \frac{\alpha(c+h-v)+\beta c}{1-\alpha-\beta} \tag{4-37}$$

4.3.3　算例分析

1. 零售供应链 RFID 技术投资决策

考虑由单制造商和单零售商组成的两级零售供应链系统。各个具体参数假设为 $\alpha = 0.05, \beta = 0.05, c = 8, p = 18, h = 1, w = 10, v = 2, g_1 = 6, g_2 = 4, g = 10$。假设顾客需求服从 $N(1000, 250^2)$ 的正态分布。计算 RFID 标签成本的临界值 t_{cr}。

根据 4.3.1 节和 4.3.2 节所建立的供应链数学模型，在 MATLAB2007b 软件中编写相应的计算程序，计算结果如图 4.6 所示。

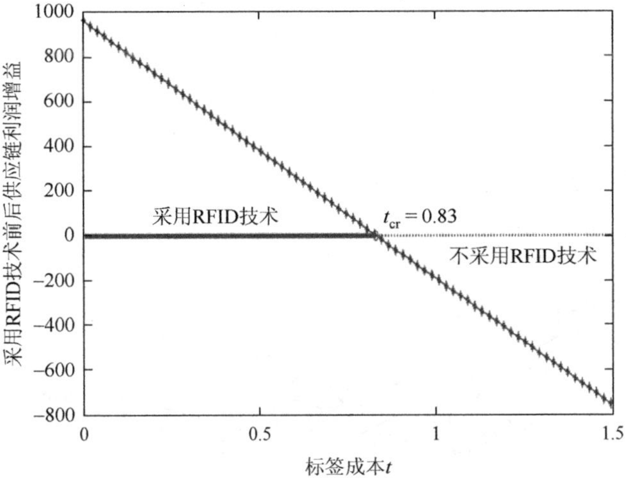

图 4.6　零售供应链 RFID 技术投资决策图

图 4.6 显示的是同时存在错放和损耗的零售供应链 RFID 技术投资决策条件。显然投资 RFID 技术后供应链利润的增益 Δ 与标签成本 t 呈负相关关系，标签成本越大，RFID 技术的投资回报率越低。当标签成本 t 小于临界值 $t_{cr}=0.83$ 时，投资 RFID 技术对供应链是有益的。反之，过高的标签成本将会制约 RFID 技术在零售供应链中的应用。

2. 商品错放率、商品损耗率对 RFID 标签成本的临界值影响

取商品错放率 α 与商品损耗率 β 为变量，其他已知条件与 4.1.5 节的算例相同，计算零售供应链中 α、β 对 RFID 标签成本的临界值 t_{cr} 的影响情况。

本节不仅考虑了商品错放引起的供应链利润的变化，还将模型扩展研究了商品损耗这一因素对供应链利润的影响。由图 4.7 可知，在同时存在商品错放和商品损耗的零售供应链中，RFID 标签成本临界值 t_{cr} 与 α、β 呈非线性正相关关系。α、β 越大，即商品错放率和商品损耗率越高，企业糟糕的经营状况使得零售供应链可负担的最大标签成本 t_{cr} 越大，企业改善其运营效率的意愿会越强，投资 RFID 技术的积极性越高。

再分别取商品单位生产成本 c、库存成本 h 和残值 v 为变量，计算零售供应链中 c、h 和 v 对 RFID 标签成本的临界值 t_{cr} 的影响情况，结果如图 4.8 所示。可以直观地看到商品的单位生产成本 c、库存成本 h 均与标签成本的临界值 t_{cr} 存在正向线性关系，即 t_{cr} 随着 c、h 的提高而提高，随 c、h 的降低而降低。这表明 RFID 技术尤其适用于价格比较昂贵和库存持有成本较高的商品；相反，商品的残值 v 与标签成本的临界值 t_{cr} 呈负向线性关系，对于残值 v 越低的商品，如易变质品，供应链企业可负担的最大标签成本 t_{cr} 越大，企业投资 RFID 技术的积极性越高。

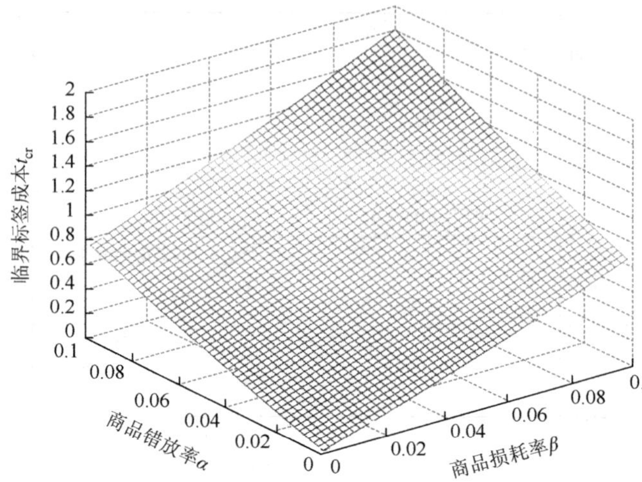

图 4.7　商品错放率 α、商品损耗率 β 对 RFID 标签成本的临界值 t_{cr} 的影响

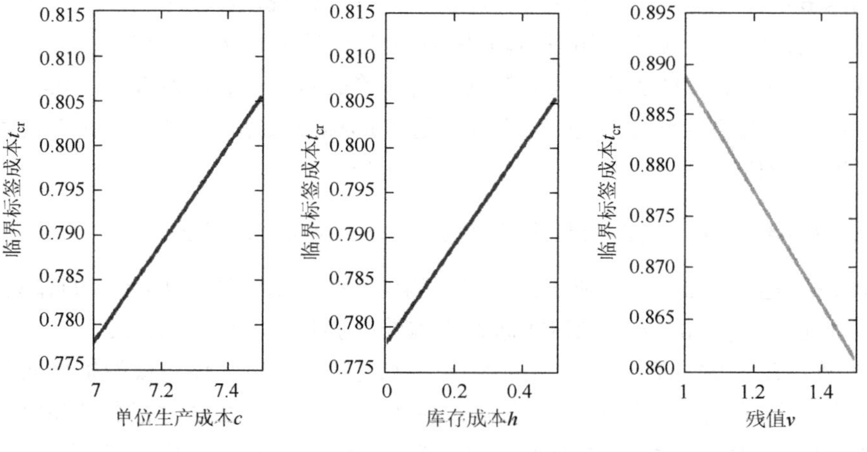

图 4.8　商品单位生产成本 c、库存成本 h 和残值 v 对 RFID 标签成本的临界值 t_{cr} 的影响

第 5 章　竞争型零售供应链 RFID 技术投资决策研究

5.1　两制造商单零售商型竞争供应链 RFID 技术投资决策研究

5.1.1　问题描述

库存不准确问题已成为库存管理中的难题，表现形式有损耗、错放和交易错误。2.1.2 节的文献分析说明在造成库存不准确的众多要素中，损耗和错放要素不容忽视。

两者的差别在于库存错放问题是临时性的，被发现后即可用于销售，但销售价格可能要打折扣，而库存损耗则是永久性的，不能再次进入销售渠道。本章主要针对这两种导致库存不准确的问题进行探讨。

随着时代的发展及科技的进步，一种新型的物联网的核心技术——RFID 技术被认为能有效地解决库存不准确问题。该技术能够快速地追踪产品流动信息，较好地用于供应链产品追溯、检查产品的保质期，准确掌握库存信息，进而有效地降低产品在供应链过程中的损耗；RFID 技术具有可视性，能够实现对库存的准确监控，特别是减少盗窃行为的发生；事实上，一些大型零售企业如沃尔玛百货有限公司和麦德龙股份公司等已将 RFID 技术应用于服装与日用品等产品的供应链管理中，并取得了明显的效果。

然而，投资运用 RFID 技术成本较高，阻碍了其在更多企业的推广应用。特别是，RFID 技术投资后将改变供应链的成本和收益结构，存在竞争环境下的供应链 RFID 技术投资的搭便车现象，该现象进一步阻碍了 RFID 技术的应用。为此，迫切需要探讨 RFID 技术在竞争性供应链环境中的投资问题。

综上所述，现有的文献主要考虑 RFID 技术在单条供应链中的应用，鲜有在两制造商单零售商模式下的研究，在讨价还价合同背景下对其进行研究也是少之又少，而本章将两者结合起来进行讨论，提供了一个崭新的研究视角。

基于以上的分析，本章假设采用 RFID 技术可以完全解决库存不准确中的错放和损耗问题，同时制造商与零售商之间采用讨价还价的方式，研究供应链企业在不同模式中的最佳决策及 RFID 技术的成本效益。

5.1.2 模型构建

本章假设供应链中存在两制造商及单零售商，零售商处于领导地位，且两制造商各自只生产一种产品，两种产品互为替代品，见图 5.1。它们具有不同的制造成本，且各为c_1和c_2，零售商销售这两种单周期产品。制造商和零售商通过讨价还价的方式决定其产品价格。根据制造商 RFID 技术投资应用的不同分三种情景进行研究：两制造商不采用 RFID 技术（简称MM模式）；仅一制造商采用 RFID 技术，而另一制造商不采用此技术（简称$\bar{M}M$模式）；两制造商均采用 RFID 技术（简称$\overline{MM}$模式）。

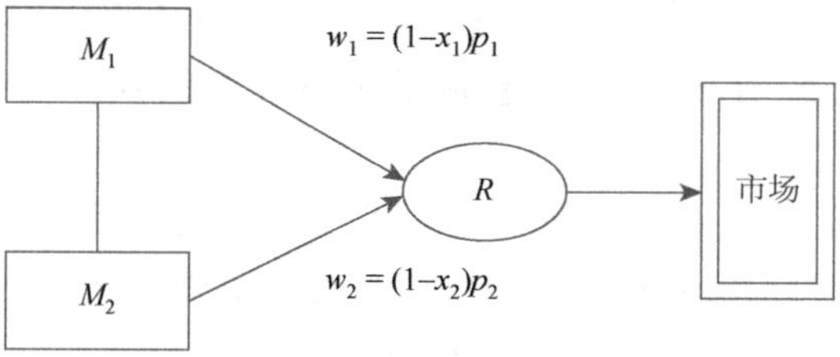

图 5.1　两制造商单零售商竞争结构

对于零售商R而言，其需求函数是在前人研究的基础上稍作改动，将需求 1（价格为零时的情况）变成Q_0，从而更加符合现实的状况。故零售商R对产品$i(i=1,2)$的期望需求函数是

$$u_i = Q_0 - \alpha p_i + \beta(p_j - p_i)$$

式中，$i=1,2;j=3-i;u_i$为R对产品i的期望需求；α为需求的价格敏感性参数；β为产品差异性参数，且α和β都大于零。

与此同时，设产品需求和零售价格呈反比关系，且受产品及商店差异化程度影响。β值越大，产品差异性越小。

基于零售商的产品价格无法预知的情况，制造商通过讨价还价的方式确定批发价格w（无关于零售商在实际情况下选择的价格），所以，零售商选择的最佳零售价格必须满足利润最大化原则。制造商i与零售商i的讨价还价过程为：$w_i=(1-x_i)p_i, p_i=\arg\max\pi_R, i=1,2$。其中$x_i$为非对称情形下零售商的讨价还价能力，$0<x_i<1$，且$c_i<w_i<p_i$。

零售商按照预估的市场需求量向制造商进货，两者均没有实现库存信息共享。零售商商品库存存在错放和损耗两大问题，商品错放量与库存量的比值为$\theta(\theta\in[0,1])$，商品损耗量与库存量的比值为$\varphi(\varphi\in[0,1])$，当库存量为Q时，可以正常销售的商品数量为$(1-\theta-\varphi)Q$，剩余商品为θQ，其在销售期末具有的单位残值为s。

鉴于此，考虑利用可以实现实时监控的 RFID 技术来解决商品错放和商品损耗问题。RFID 技术是在产品生产出来之后使用的，而这个操作一般由制造商完成，故假设制造商承担 RFID 成本，但这里只考虑投资该技术所需的变动成本即标签成本，而不考虑一次性固定投资成本。当制造商采用 RFID 技术时，下游的零售商可以使用制造商贴在商品上的 RFID 标签，使得$\theta=\varphi=0$，即完全消除商品错放和商品损耗，零售商受益。此外，模型中涉及参数及其定义如表 5.1 所示。

表 5.1　模型参数表

参数	参数定义
c	制造商生产产品的单位成本
u_i	零售商对产品 i 的需求量
Q_0	销售价格为零时，零售商产品需求量
α	需求的价格敏感性参数
β	产品差异性参数
w_i	制造商对产品 i 的批发价格
p_i	零售商对产品 i 的销售价格
θ	商品错放率
φ	商品损耗率
$(1-\theta-\varphi)Q$	可被正常销售的商品数量
s	错放的商品在销售季节末具有的单位残值
$i=1,2; j=3-i$	制造商对应生产的产品
x_i	非对称情形下，零售商的讨价还价能力，$0<x_i<1$
$c<w<p$	保证制造商和零售商都有利可图
Π	利润
*	上标，表示最优

1. *MM* 模式下的均衡解

零售商主导下，制造商不采用 RFID 技术，零售商库存中θu的库存量被错放，销售季节末具有残值s，损耗量为φu，库存可利用量为$(1-\theta-\varphi)u$，则零售商的收益为

$$\Pi_R^{MM}(p)=\sum_{i=1}^{2}(((1-\theta-\varphi)p_i+\theta s_i)u_i-w_iu_i) \tag{5-1}$$

式中，批发价格为固定值，零售商求得其利益最大化情况下的博弈解过程是：对销售价格 p 求导数，即求一阶导数为零，求二阶导数小于零，求出 p_i^* 代入式（5-1）中即求得其利润最大值。

首先对式（5-1）中 p_i 求导数得

$$\begin{aligned}\frac{\partial \Pi_R^{MM}(p)}{\partial p_i}=&-2(1-\theta-\varphi)((\alpha+\beta)p_i-\beta p_j)-(\alpha+\beta)(\theta s_i-w_i)\\&+\beta(\theta s_j-w_j)+(1-\theta-\varphi)Q_0\end{aligned} \tag{5-2}$$

$$\frac{\partial^2 \Pi_R^{MM}(p)}{\partial p_i^2}=-2(\alpha+\beta)(1-\theta-\varphi)<0 \tag{5-3}$$

得均衡解：

$$p_i^{MM}=\frac{(\beta^2-(\alpha+\beta)^2)(\theta s_i-w_i)+(\alpha+2\beta)(1-\theta-\varphi)Q_0}{2(1-\theta-\varphi)((\alpha+\beta)^2-\beta^2)}$$

基于零售商讨价还价的能力得

$$w_i=(1-x_i)p_i \tag{5-4}$$

把式（5-4）代入 p_i 得

$$p_i^{MM*}=\frac{(1-\theta-\varphi)Q_0-\alpha\theta s_i}{(1+x_i-2(\theta+\varphi))\alpha} \tag{5-5}$$

则有

$$w_i^{MM*}=(1-x_i)\frac{(1-\theta-\varphi)Q_0-\alpha\theta s_i}{(1+x_i-2(\theta+\varphi))\alpha} \tag{5-6}$$

$$u_i^{MM*}=\frac{(\alpha+\beta)\theta s_i-\beta\theta s_j+(x_i-\theta-\varphi)Q_0}{1+x_i-2(\theta+\varphi)} \tag{5-7}$$

故

$$\Pi_R^{MM*}(p)=\sum_{i=1}^{2}(1-\theta-\varphi)\left(\frac{\alpha\theta s_i+(x_i-\theta-\varphi)Q_0}{\alpha(1+x_i-2(\theta+\varphi))^2}+\frac{\alpha\theta s_i+(x_i-\theta-\varphi)Q_0+\beta\theta(s_i-s_j)}{\alpha(1+x_i-2(\theta+\varphi))^2}\right) \tag{5-8}$$

制造商收益为

$$\Pi_{Mi}^{MM}(w)=u_i(w_i-c_i),\quad i=1,2 \tag{5-9}$$

将式（5-6）、式（5-7）代入式（5-9）即求出 Π_{Mi}^{MM*}。

2. $\bar{M}M$ 模式的均衡解

不失一般性，假设供应链制造商 j 采用 RFID 技术，则对于零售商来说，由于其可以免费共享制造商 j 商品上的 RFID 标签，因此，从制造商 j 处获得的商品均不会发生错放和损耗，全部库存可进行销售，而从制造商 i 处获得的商品依然存在库存不准确的情况，在这种情况下，零售商收益为

$$\Pi_R^{\bar{M}M}(p)=u_j(p_j-w_j)+((1-\theta-\varphi)p_i+\theta s_i)u_i-w_iu_i,\quad i=1,2;j=3-i \tag{5-10}$$

式中，相关参数为

$$w_j^{\bar{M}M}=(1-x_j)p_j \tag{5-11}$$

$$u_j^{\bar{M}M}=Q_0-\alpha p_j+\beta(p_i-p_j) \tag{5-12}$$

分别对 p_j、p_i 求一阶导数，求二阶导数小于零，从而根据一阶最优条件得

$$p_j^{\bar{M}M*}=\frac{((2\varphi-1+x_i)(\alpha+\beta)+\beta\varphi(x_i+\varphi))Q_0+\beta(\alpha+\beta)\theta s_i(\varphi-1)}{(1+x_j)(2\varphi-1+x_i)(\alpha+\beta)^2-\beta^2(x_j+\varphi)(\varphi+x_i)} \tag{5-13}$$

$$\begin{aligned}p_i^{\bar{M}M*}=&\frac{(\varphi(1+x_j)(\alpha+\beta)+\beta(x_j+\varphi))Q_0}{(1+x_j)(2\varphi-1+x_i)(\alpha+\beta)^2-\beta^2(x_j+\varphi)(\varphi+x_i)}\\&+\frac{\theta s_i(\beta^2(x_j+\varphi)-(1+x_j)(\alpha+\beta)^2)}{(1+x_j)(2\varphi-1+x_i)(\alpha+\beta)^2-\beta^2(x_j+\varphi)(\varphi+x_i)}\end{aligned} \tag{5-14}$$

$$u_j^{\bar{M}M}=Q_0-\frac{\beta Q_0(\beta(x_j+\varphi)+(\alpha+\beta)(x_j+1)\varphi)}{K}-\frac{\alpha\beta\theta s_i(\alpha+2\beta)(x_j+\varphi)}{K}-\frac{(\alpha+\beta)\Gamma}{K} \tag{5-15}$$

式中

$$\varphi=1-\theta-\varphi K=(\alpha+\beta)^2(x_j+1)(1-x_i-2\varphi)+\beta^2(x_i+\varphi)(x_j+\varphi)$$

$$\Gamma=Q_0((\alpha+\beta)(1-x_i-2\varphi)-\beta\varphi(x_i+\varphi))+\beta\theta s_i(\alpha+\beta)(1-\varphi)$$

$$\begin{aligned}u_i^{\bar{M}M}=&Q_0+\beta\frac{Q_0((\alpha+\beta)(1-x_i-2\varphi)-\beta\varphi(x_i+\varphi))}{K}\\&+\frac{\beta\theta s_i(\alpha+\beta)(1-\varphi)}{K}-\frac{(\alpha+\beta)M}{K}=\alpha\theta(\alpha+2\beta)s_i(x_j+\varphi)\\&-Q_0(\beta(x_i+\varphi)+(\alpha+\beta)(x_j+1)\varphi)\end{aligned} \tag{5-16}$$

将式（5-13）～式（5-16）求出的变量值代入式（5-10）中即得零售商收益值。

制造商 j 收益为

$$\Pi_{Mj}^{\bar{M}M}(w)=u_j(w_j-c_j-t) \tag{5-17}$$

将式（5-11）、式（5-13）和式（5-15）代入式（5-17）即得 $\Pi_{Mj}^{\bar{M}M*}$。

制造商 i 收益为

$$\Pi_{Mi}^{\bar{M}M}(w) = u_i(w_i - c_i) \tag{5-18}$$

将式（5-14）、式（5-16）和 $w_i^{\bar{M}M} = (1-x_i)p_i$ 代入式（5-18）即得 $\Pi_{Mi}^{\bar{M}M*}$。

3. $\overline{MM}$ 模式下的均衡解

两制造商均采用 RFID 技术对零售商意味着其可以免费共享制造商商品上的 RFID 标签，因此，库存商品均可避免发生错放和损耗，即全部库存可进行销售，此种情况下，零售商收益为

$$\Pi_R^{\overline{MM}}(p) = \sum_{i=1}^{2}(u_i p_i - w_i u_i) \tag{5-19}$$

设在零售商谈判能力为 x 的情形下，得出批发价格 w 关于 x 的关系为

$$w_i^{\overline{MM}} = (1-x_i)p_i,\quad i=1,2 \tag{5-20}$$

同样，分别对 $\overline{p}_i$ 求一阶导数，求二阶导数小于零，从而根据一阶最优条件得到均衡结果为

$$p_i^{\overline{MM}*} = \frac{Q_0}{(1+x_i)\alpha},\quad i=1,2 \tag{5-21}$$

$$w_i^{\overline{MM}*} = \frac{(1-x_i)Q_0}{(1+x_i)\alpha},\quad i=1,2 \tag{5-22}$$

$$u_i^{\overline{MM}*} = Q_0\left(1-\frac{\alpha+\beta}{(1+x_i)\alpha}+\frac{\beta}{(1+x_j)\alpha}\right),\quad i=1,2; j=3-i \tag{5-23}$$

零售商收益为

$$\Pi_R^{\overline{MM}*} = \sum_{i=1}^{2}\frac{x_i Q_0{}^2}{(1+x_i)\alpha}\left(1-\frac{\alpha+\beta}{(1+x_i)\alpha}+\frac{\beta}{(1+x_j)\alpha}\right),\quad j=3-i \tag{5-24}$$

制造商收益为

$$\Pi_{Mi}^{\overline{MM}}(w) = u_i(w_i - c_i - t),\quad i=1,2 \tag{5-25}$$

将式（5-22）、式（5-23）代入制造商收益函数式（5-25）得

$$\overline{\Pi}_{Mi}^{*} = Q_0\left(1-\frac{\alpha+\beta}{(1+x_i)\alpha}+\frac{\beta}{(1+x_j)\alpha}\right)\left(\frac{(1-x_i)Q_0}{(1+x_i)\alpha}-c_i-t\right),\quad i=1,2 \tag{5-26}$$

5.1.3　三种模式下的均衡比较

结论 5.1：在讨价还价模式下，标签成本与销售价格、批发价格、市场平均期望需求的形成无关，而通过改变零售商库存可利用率间接来影响其收益，直接影响投资该技术的制造商的期望收益。

证明：$\overline{MM}$ 模式中，

$$p_i^{\overline{MM}*}=\frac{Q_0}{(1+x_i)\alpha},\quad i=1,2$$

$$u_i^{\overline{MM}*}=Q_0\left(1-\frac{\alpha+\beta}{(1+x_i)\alpha}+\frac{\beta}{(1+x_j)\alpha}\right),\quad i=1,2;j=3-i$$

$$w_i^{\overline{MM}*}=\frac{(1-x_i)Q_0}{(1+x_i)\alpha},\quad i=1,2$$

p_i、w_i、u_i 的表达式中与标签成本 t 无关，t 值对它们无影响，采用 RFID 技术零售商的库存可利用率为 1（不采用时库存可利用率小于 1），因此，间接影响零售商收益，而

$$\Pi_{Mi}^{\overline{MM}}(w)=u_i(w_i-c_i-t),\quad i=1,2$$

从此表达式可看出 t 值影响制造商的收益，t 值越大，制造商收益越小。同理 $\bar{M}M$ 模式中也可得到相同结论。

结论 5.2：$\bar{M}M$ 模式中制造商 j 愿意投资 RFID 技术的标签阈值为

$$t_1=\frac{(\alpha+\beta)H+(1-x_j)(p_j^{\bar{M}M}(Q_0+\beta p_i^{\bar{M}M})-p_j^{MM}(Q_0+\beta p_i^{MM}))+\beta c_j(p_i^{MM}-p_i^{\bar{M}M})}{Q_0-(\alpha+\beta)p_j^{\bar{M}M}+\beta p_i^{\bar{M}M}}$$

式中

$$H=p_j^{\bar{M}M}(c_j-(1-x_j)p_j^{\bar{M}M})-p_j^{MM}(c_j-(1-x_j)p_j^{MM}),\quad i=1,2;j=3-i$$

$\overline{MM}$ 模式中制造商 i 愿意投资 RFID 技术的标签阈值为

$$t_2=-\frac{\alpha c_i(x_i+1)+Q_0(x_i-1)}{\alpha(x_i+1)}-\frac{\alpha(x_i+1)(x_j+1)(\alpha c_i+(x_i-1)A)(\beta(A-B)-\alpha Q_0+\alpha A)}{\alpha Q_0(x_i(\alpha+\beta)+x_j(\alpha x_i-\beta))}$$

式中

$$A=\frac{\alpha\theta s_i-Q_0(1-\theta-\varphi)}{2\theta+2\varphi-x_i-1},\quad B=\frac{\alpha\theta s_j-Q_0(1-\theta-\varphi)}{2\theta+2\varphi-x_j-1},\quad i=1,2;j=3-i$$

证明：$\bar{M}M$ 模式中制造商 j 愿意投资 RFID 技术的条件是 $\Delta\Pi^{\bar{M}M}=\Pi_{Mj}^{\bar{M}M}$

$-\Pi_{Mj}^{MM}\ \Pi_{Mj}^{\bar{M}M}-\Pi_{Mj}^{\bar{M}M}>0$，将式（5-9）和式（5-17）代入$\Delta\Pi^{\bar{M}M}$中，化简即得$t_1$的表达式。同理$\overline{MM}$模式中制造商$i$愿意投资 RFID 技术的条件是$\Delta\Pi^{\overline{MM}}=\Pi_{Mi}^{\overline{MM}}-\Pi_{Mi}^{MM}>0$，将式（5-9）和式（5-26）代入$\Delta\Pi^{\overline{MM}}$中，化简即得$t_2$的表达式。

结论 5.3：在标签成本阈值内，$\overline{MM}$模式和$\bar{M}M$模式中制造商收益随标签成本的增大而减小，但总大于MM模式情形下相应的收益。

证明：从$\overline{MM}$模式和$\bar{M}M$模式制造商收益的计算公式（5-18）、式（5-26）可以直接得出，其收益随着标签成本的增大而减小；根据结论 5.2 可知在标签成本阈值内$\Delta\Pi^{\bar{M}M}=\Pi_{Mj}^{\bar{M}M}-\Pi_{Mj}^{MM}>0$ 即 $\Pi_{Mj}^{\bar{M}M}>\Pi_{Mj}^{MM}$，$\Delta\Pi^{\overline{MM}}=\Pi_{Mi}^{\overline{MM}}-\Pi_{Mi}^{MM}>0$ 即 $\Pi_{Mi}^{\overline{MM}}>\Pi_{Mi}^{MM}$，故制造商采用RFID技术之后的收益大于不采用RFID技术时的收益。

结论 5.4：若制造商投资 RFID 技术，则零售商的收益变大；当投资初期 RFID 技术成本过高时，零售商可采用与制造商分摊成本或降低讨价还价幅度等方法激励制造商采用此技术。

结论 5.4 说明了由于零售商搭便车免费共享制造商采用 RFID 技术，帮助其解决库存不准确问题，故其收益值增加，增加的部分是商品损耗和商品错放造成的损失，而制造商则独自承担采用 RFID 技术的所有费用，故当采用 RFID 技术的费用较高或超出标签成本阈值时，零售商将获得的部分收益作为补偿返还给制造商，或者降低讨价还价率，鼓励 RFID 技术的应用。

5.1.4 数值仿真分析

假设$c_1=30,c_2=30,Q_0=300,\alpha=2,\beta=1,x_1=0.3,x_2=0.3,\theta=0.1,\varphi=0.1,s_1=1,s_2=1$，标签成本为$t$。

1）$\overline{MM}$模式和$\bar{M}M$模式下的投资 RFID 技术的标签成本阈值

图 5.2 中，$\overline{MM}$模式和$\bar{M}M$模式制造商收益与MM模式中制造商利润差为纵坐标，横坐标为标签成本值，$i=1,2$。

从图 5.2 中得出$\bar{M}M$模式中制造商所能承受的投资 RFID 技术的标签成本阈值$t_c^{\bar{M}M}=27.1$，$\overline{MM}$模式中制造商所能承受的投资 RFID 技术的标签成本阈值$t_c^{\overline{MM}}=20.1$，而$t_c^{\bar{M}M}>t_c^{\overline{MM}}$，制造商利润差随标签成本的增大而减小，整体收益情况是：$\Delta\Pi_{M1}^{\bar{M}M}>\Delta\Pi_{Mi}^{\overline{MM}}>\Delta\Pi_{M2}^{\bar{M}M}$，说明在两个互相竞争的制造商中，制造商 1 即优先采用 RFID 技术的一方可享受此技术带来的收益，所能承受的标签成本也较大，而竞争者制造商 2 利润差减少至负值，当其意识到此威胁并随后采用 RFID 技术后，收益值随之增加，制造商 1 收益减少，所能承受的标签成本也随之变小。

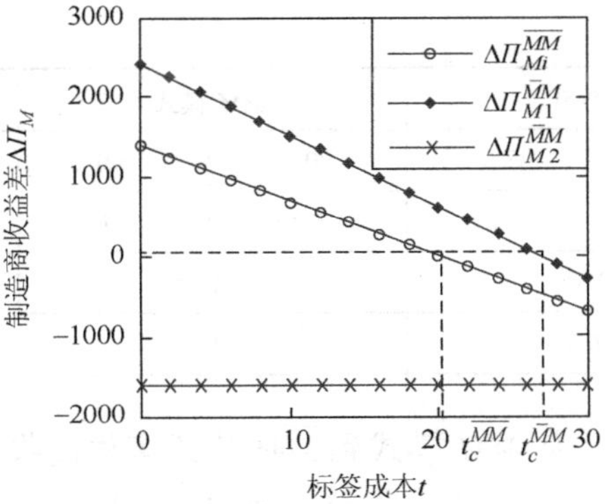

图 5.2　制造商利润差随标签成本变化

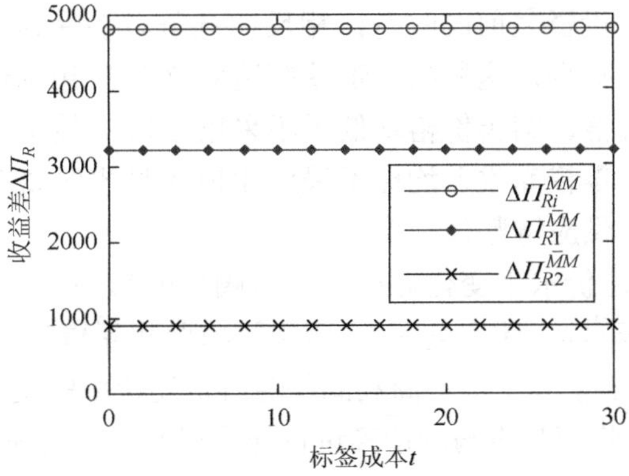

图 5.3　零售商利润差随标签成本变化

从图 5.3 中得出三种模式下零售商收益与标签成本无关，而零售商利润差情况为：$\Delta\Pi_{Ri}^{\overline{MM}} > \Delta\Pi_{R1}^{\bar{M}M} > \Delta\Pi_{R2}^{\bar{M}M}$，说明当制造商采用 RFID 技术时，零售商搭便车免费共享此技术带来的溢出效应，当制造商均采用 RFID 技术时，其收益最大，但此时制造商所能承受的标签临界成本有限，因此，零售商可使用减少讨价还价的幅度或成本分担等契约协调双方收益鼓励制造商采用 RFID 技术。

2）三种模式下对应的收益值情况

在标签成本 t 小于临界值的前提下，取 $t = 5$，分别求出三种模式下对应的收益值情况，如表 5.2 所示。

表 5.2　三种模式下对应的收益值情况

	MM 模式		$\bar{M}M$ 模式		$\overline{MM}$ 模式	
	$i=1$	$i=2$	$i=1$	$i=2$	$i=1$	$i=2$
w_i	93.3	93.3	80.7	95.0	80.8	80.8
p_i	133.2	133.2	115.2	135.7	115.4	115.4

续表

	MM 模式		$\bar{M}M$ 模式		$\overline{MM}$ 模式	
D_i	33.6	33.6	90.1	8.0	69.2	69.2
Π_{Mi}	2 122.6	2 122.6	4 111.9	520.3	3 168.6	3 168.6
Π_R	900.8		3 222.5		4 792.9	
Π_{sc}	5 146.0		7 854.7		11 130.1	

从表 5.2 可以得出，从 MM 模式到 $\overline{MM}$ 模式零售商收益及供应链总收益逐渐增大，投资采用 RFID 技术一方的收益总是大于不采用 RFID 技术一方的收益，$\bar{M}M$ 模式下，由于制造商 1 采用了 RFID 技术立即获取很大的市场竞争优势，投资之后的收益远大于投资之前的收益，相反，竞争对手受到很大的冲击，市场需求量骤减，收益随之减少，这种情况迫使制造商 2 也采用 RFID 技术，并形成良好效应，其中批发价格、销售价格均低于不采用 RFID 技术的情况，但市场需求量增大，使制造商、零售商收入均比不采用 RFID 技术时要有所增加，促进了市场活跃程度，提升了供应链整体效率。

3）零售商讨价还价水平变化对标签成本阈值的影响

在 MM 模式中假设 $x_1 = 0.3, x_2 = 0.3$ 得出制造商和零售商的利润值，图 5.4 展示的是 $\bar{M}M$ 模式与 MM 模式中零售商利润差随讨价还价率的变化情况，可以看出在 $\bar{M}M$ 模式下，不管零售商是否与制造商讨价还价以及其讨价还价的幅度如何，零售商的收益总是增加，而且呈先减小后增大的趋势，因此，制造商采用 RFID 技术对零售商来说总是有收益的，零售商应积极响应和协调制造商采用 RFID 技术。

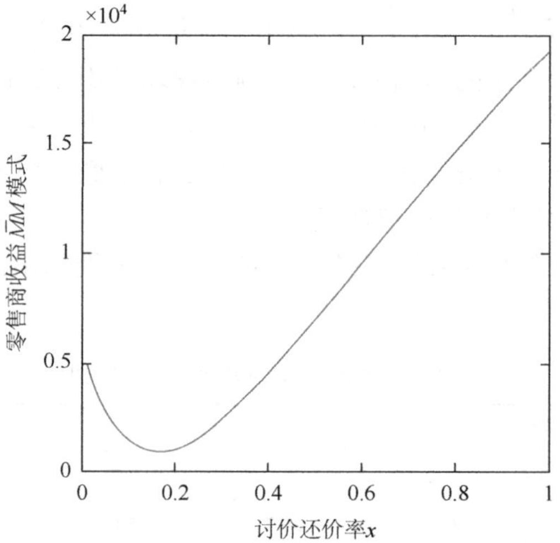

图 5.4　零售商利润差随讨价还价率变化情况

图 5.5 是制造商 1 的利润差随标签成本与其讨价还价率变化的影响，图中两面相交线是制造商的临界值，从图中可以看出制造商所能承受的标签成本阈值增大（大于 27.1），随着标签成本阈值的增大，零售商的讨价还价率逐步减小；在 RFID 技术采用初期，制造商所需承担的成本偏大，制造商可以与零售商谈判给其小的折扣或零售商主动协调制造商来鼓励其采用 RFID 技术（图中无折扣时零售商收益反而比较大）。

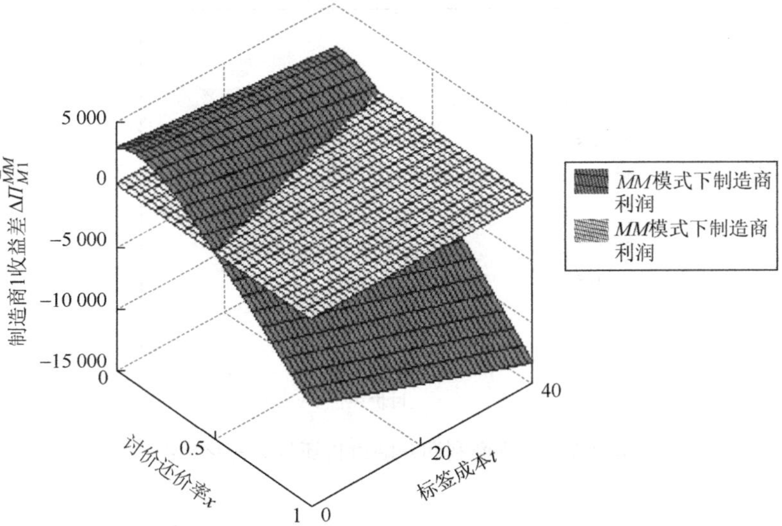

图 5.5　$\bar{M}M$ 模式下制造商 1 利润差随讨价还价率和标签成本变化情况

图 5.6 显示的是 $\overline{MM}$ 模式与 MM 模式中制造商利润差随讨价还价率和标签成

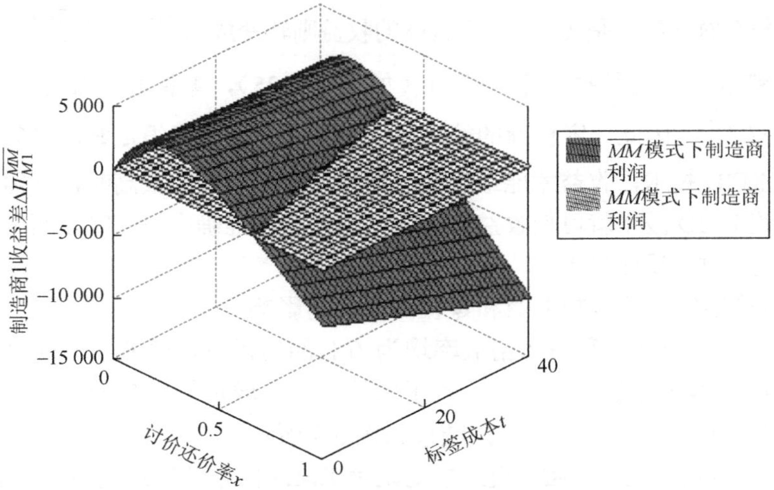

图 5.6　$\overline{MM}$ 模式下制造商 1 利润差随讨价还价率和标签成本变化情况

本的变化情况，两平面相交线是临界线，可以看出标签成本阈值增大（大于 20.1），同样也是随着标签成本的增大而增大，随着讨价还价率减小而增大。

由图 5.7 可以看出零售商的利润差始终大于等于零，因此，采用 RFID 技术零售商始终获利且收益随着讨价还价率的增加而增加，但为了与制造商共担成本鼓励其采用 RFID 技术，零售商可以减小讨价还价率来实现共赢。

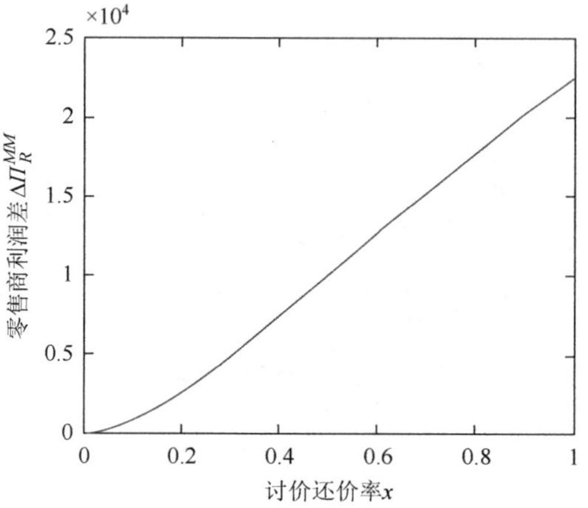

图 5.7　零售商利润差随讨价还价率变化情况

4）商品错放率、商品损耗率对零售商收益的影响

从图 5.8 看出，在其他均是定值的情况下，当商品错放率和商品损耗率很低时（如均是 0.05），零售商的收益情况是 $\Pi_R^{MM} < \Pi_R^{\bar{M}M} < \Pi_R^{\overline{MM}}$，当商品错放率和商品损耗率较高时（如均是 0.15），零售商的收益则转变成 $\Pi_R^{MM} < \Pi_R^{\overline{MM}} < \Pi_R^{\bar{M}M}$，但当商品错放率和商品损耗率很高时（如均是 0.25），零售商的收益为 $\Pi_R^{\overline{MM}} < \Pi_R^{MM} < \Pi_R^{\bar{M}M}$。因此，零售商的策略有：当库存不准确率很低时，必须要求制造商均采用 RFID 技术，收益才能最大化；但当库存不准确率很高时，只需要求一个制造商采用 RFID 技术就可使收益最大化；当库存不准确率较高时，两制造商均采用 RFID 技术收益反而最小。

5）讨价还价水平对制造商和零售商利润的影响

在保持商品损耗率和商品错放率均为 0.1 的前提下，研究零售商讨价还价水平对制造商、零售商收益的影响。为了保持链中各成员的收益为正值，分别选取零售商讨价还价水平在 0.4～0.6，结果如图 5.9 所示。

从图 5.9 可以看出，$\overline{MM}$ 模式中均采用 RFID 技术的制造商收益、$\bar{M}M$ 模式中采用 RFID 技术的制造商 1 收益均随着零售商的讨价还价水平的提升而减少；

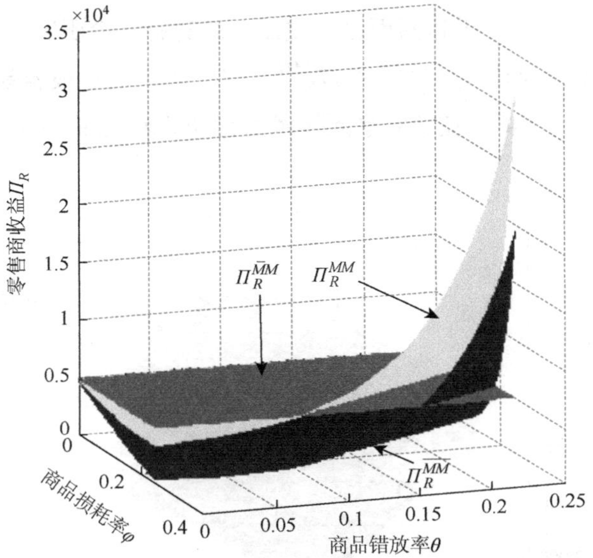

图 5.8　零售商收益随商品损耗率和商品错放率变化情况

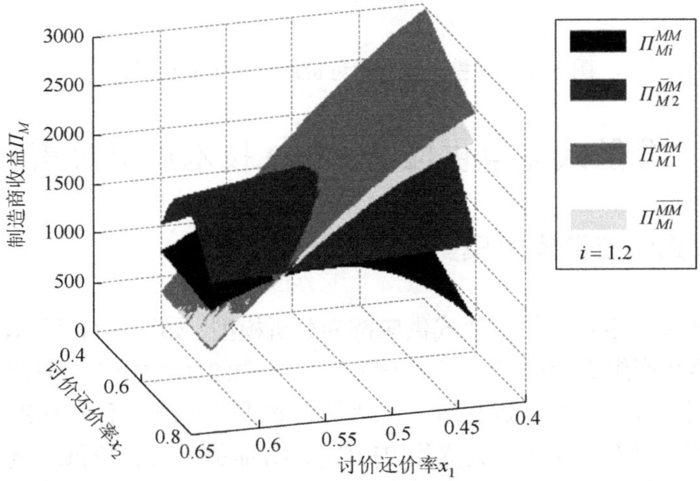

图 5.9　制造商收益随讨价还价水平变化情况

而 $\bar{M}M$ 模式中不采用 RFID 技术的制造商 2 收益随着零售商 2 的讨价还价水平的提升呈先增加后减少的趋势，随零售商 1 的讨价还价水平的提升而减少；MM 模式中制造商的收益依其相应零售商的讨价还价水平的提升呈先增大后减小的趋势，随竞争零售商讨价还价能力的增大而减小。

综上所述，不采用 RFID 技术的制造商的收益并不是总随其相应零售商的讨价还价能力的提升而减少，当讨价还价系数在一个合理区间时，供应链收益可以达到双赢。

从图 5.10 来看，对于零售商而言，收益总是随着讨价还价水平的提升而增加，而且零售商的收益总是满足 $\Pi_R^{MM} < \Pi_R^{\bar{M}M} < \Pi_R^{\overline{MM}}$ ，这也很容易理解，制造商采用 RFID 技术，零售商可以免费共享此技术而帮助其解决库存损耗和错放问题。

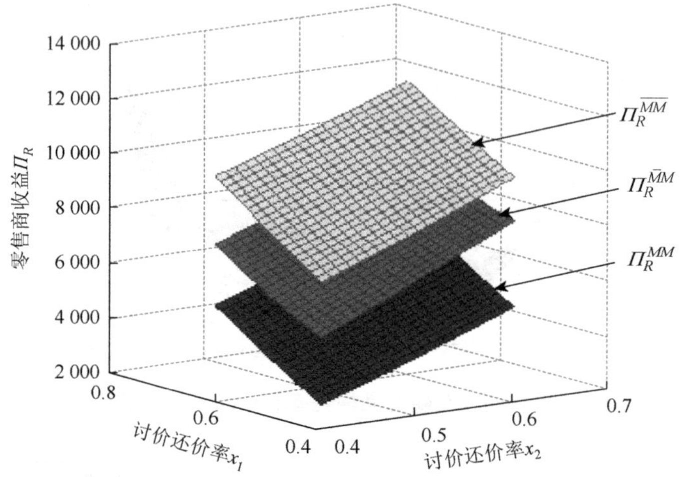

图 5.10 零售商收益随讨价还价水平变化情况

5.2 分散式竞争供应链 RFID 技术投资决策研究

5.2.1 分散式供应链竞争模型

本章以两条价格竞争的分散式供应链为分析模型，如图 5.11 所示，每条链由单制造商和单零售商组成，用i表示第i条供应链（$i=1,2$）。根据不同供应链上的 RFID 技术投资应用，分三种情景进行研究：两条分散式供应链都不采用 RFID 技术（简称为DD模式）；只有一条供应链采用 RFID 技术，而另一条竞争供应链不采用 RFID 技术（简称为$D\bar{D}$模式）；两条供应链都采用 RFID 技术（简称为$\overline{DD}$模式）。

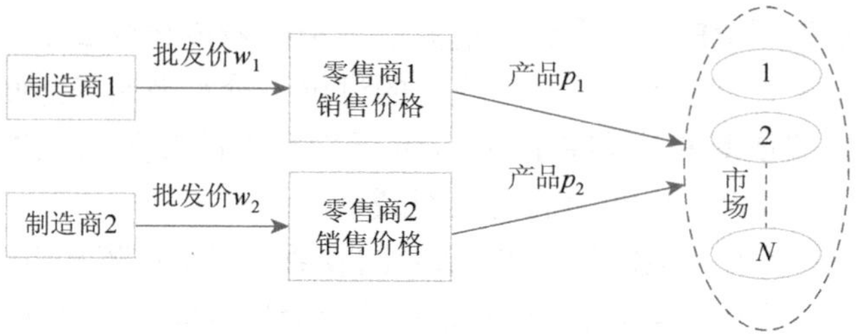

图 5.11 分散式供应链竞争模型

针对三种情景，有如下假设。

（1）面向同一市场生产并销售两种可替代的无差异季节性产品，市场中顾客选择何种产品将只考虑零售商给出的价格 $p_i(i=1,2)$，供应链中所有成员均是理性的，进行决策时依据的原则是期望利润最大化。

（2）假设产品 i 在价格 p 下的需求 D_i 满足 $D_i = a_i - bp_i + cp_j, i, j = 1,2,\ i \neq j$ 。其中 $a_i > 0$ ， $b > 0$ ， $c \geqslant 0$ ，且均为常数，其中 $a_1 + a_2 = a$ 。参数 a_i 表示消费者对产品 i 的基本需求量，蕴含着产品本身的固有吸引力， a 表示整个市场上消费者的总需求量，从 a 值的大小可知在市场中此产品竞争力的强弱；参数 b 表示消费者的需求量随产品价格波动的情况；参数 c 表示消费者需求随竞争产品价格的波动情况；消费者需求对自身价格的波动量要大于对竞争对手产品价格波动量，即 $b > c$ 。

（3）设供应链中的固定运作成本是零，产品的单位生产成本为 c_i ，零售商的零售价格为 p_i ，两个制造商给出不同的批发价格 w_i ，且 $c_i < w_i < p_i$ 。

（4）在不采用 RFID 技术时，零售商只是按照预计的市场需求量向制造商进货，均没有意识到库存损耗的情况，制造商和零售商没有实现库存信息共享。设零售商的订货量为 D_i ，库存盗窃等导致库存可利用率为 θ $(\theta \in [0,1])$ ，即只有 θD_i 的库存量能够满足消费者的需求。

鉴于此，本章考虑投资使用具有可视性的 RFID 技术来协助企业准确地监控库存，从而降低库存损耗。本章采取和第 3 章同样的假设，即制造商承担 RFID 技术的投资成本，并且只考虑随产品的数量变化而变化的标签成本，而忽略一次性投资的固定成本。当制造商采用 RFID 技术时，由于标签具有耐腐蚀、耐高温等特点，所以下游的零售商可以搭便车免费共享此标签，解决库存中的损耗问题 $(\theta = 1)$ ，增加收益。基于此，本章通过采用 RFID 技术解决库存损耗问题并对是否应用此技术进行研究。

5.2.2　两分散式竞争供应链博弈均衡解

首先，考虑两条分散式竞争供应链均不投资 RFID 技术的博弈解，然后，研究仅有一条供应链投资和均投资时的博弈解，最后，综合分析得出采用 RFID 技术的标签成本阈值。其中，纵向每一条供应链中制造商为领导者，上下游之间进行 Stackelberg 博弈，而横向制造商之间及零售商之间进行纳什博弈，所以该环境下的博弈顺序为：第一，批发价格的确定，批发价格是由两竞争供应链的制造商同时提供的；第二，基于批发价格，零售商同时确定订货量和零售价格；第三，零售商的订单需求及市场需求均被满足，在横向上逐渐形成以数量为竞争的市场，在纵向上上游制造商逐渐被此竞争效应影响，最后构成了两供应链之间的竞争局面。

1. *DD* 模式下的博弈均衡解

在 *DD* 模式，零售商中只有 θD_i 的库存量满足市场的需求。此时两个零售商的利润函数为

$$\Pi_{Ri}^{DD}(p,w)=(\theta p_i-w_i)D_i=(a_i-bp_i+cp_j)(\theta p_i-w_i),\quad i,j=1,2,i\neq j \tag{5-27}$$

均衡价格的一阶条件为

$$\frac{\partial \Pi_{Ri}^{DD}(p,w)}{\partial p_i}=\theta(a_i-2bp_i+cp_j)+bw_i=0,\quad i,j=1,2,i\neq j$$

二阶条件 $\dfrac{\partial^2 \Pi_{Ri}^{DD}(p)}{\partial p_i^2}=-2b\theta<0$，故零售商的利润函数是关于其价格的严格凹函数，由一阶、二阶条件可得，最优销售价格为

$$p_i^{DD*}(w)=\frac{\theta(2ba_i+ca_j)+bcw_j+2b^2w_i}{\theta(4b^2-c^2)} \tag{5-28}$$

将 $p_i^{DD*}(w)$ 代入零售商利润函数中，得到其最优利润为

$$\Pi_{Ri}^{DD*}(p)=p_i^{DD*}(w)\theta D_i^{DD*}(w)-w_iD_i^{DD*}(w)=\frac{b}{\theta}(\theta p_i-w_i)^2,\quad i,j=1,2,i\neq j \tag{5-29}$$

均衡条件下产品市场需求量为

$$D_i^{DD*}(w)=\frac{\theta bp_i-bw_i}{\theta},\quad i,j=1,2,i\neq j \tag{5-30}$$

制造商的利润函数为

$$\Pi_{Mi}^{DD}(w)=(w_i-c_i)D_i^{DD*}(w) \tag{5-31}$$

把 $p_i^{DD*}(w)$ 及 $D_i^{DD*}(w)$ 代入 $\Pi_{Mi}^{DD}(w)$，对批发价格求导数可得

$$\frac{\partial \Pi_{Mi}^{DD}w}{\partial w_i}=b\frac{\theta(2ba_i+ca_j)+bcw_j+2w_i(c^2-3b^2)+c_i(4b^2-c^2)}{\theta(4b^2-c^2)}=0,\quad i,j=1,2,i\neq j$$

$$\frac{\partial^2 \Pi_{Mi}(w)}{\partial w_i^2}=\frac{2b(c^2-3b^2)}{\theta(4b^2-c^2)}<0$$

从上式可求得制造商利润最大化时的批发价格为

$$w_i^{DD*}=\frac{\theta(2ba_i+ca_j)+c_i(2b^2-c^2)+bcw_j}{2(2b^2-c^2)} \tag{5-32}$$

由式（5-31）对批发价格求导数，可得出制造商利润最大化下的批发价格为

$$w_i^{DD*}=\frac{\theta b(8b^2-3c^2)a_i+2\theta c(3b^2-c^2)a_j+bcc_j(2b^2-c^2)+2c_i(2b^2-c^2)^2}{4(2b^2-c^2)^2-b^2c^2} \tag{5-33}$$

将批发价格代入销售价格中可得

$$p_i^{DD*}=\frac{2(3b^2-c^2)w_i^{DD*}+c_i(c^2-2b^2)}{\theta(4b^2-c^2)} \tag{5-34}$$

代入需求量得

$$D_i^{DD*}(w)=\frac{b(2b^2-c^2)(w_i^{DD*}-c_i)}{\theta(4b^2-c^2)} \tag{5-35}$$

则链上成员及供应链的最大期望利润为

$$\Pi_{Mi}^{DD*}=(w_i^{DD*}-c_i)D_i^{DD*}(w)=\frac{b(2b^2-c^2)(w_i^{DD*}-c_i)^2}{\theta(4b^2-c^2)} \tag{5-36}$$

$$\Pi_{Ri}^{DD*}=(\theta p_i^{DD*}-w_i^{DD*})D_i^{DD*}(w)=\frac{b(2b^2-c^2)^2(w_i^{DD*}-c_i)^2}{\theta(4b^2-c^2)^2} \tag{5-37}$$

$$\Pi_{SCi}^{DD*}=\Pi_{Mi}^{DD*}+\Pi_{Ri}^{DD*} \tag{5-38}$$

2. $D\bar{D}$ 模式下的博弈均衡解

在 $D\bar{D}$ 模式下，不失一般性，假设供应链 1 中制造商 1 不采用 RFID 技术，而供应链 2 中制造商 2 采用 RFID 技术，增加了标签成本 t，供应链 2 中零售商 2 消除了因盗窃、丢失等造成的库存损耗，因此，可用于销售的库存量为 D_2，而零售商 1 可用于销售的库存量仍为 θD_1，则供应链各成员的收益为

$$\Pi_{R1}^{D\bar{D}}(p,w)=\theta D_1p_1-w_1D_1=(a_1-bp_1+cp_2)(\theta p_1-w_1) \tag{5-39}$$

$$\Pi_{R2}^{D\bar{D}}(p,w)=(p_2-w_2)D_2=(a_2-bp_2+cp_1)(p_2-w_2) \tag{5-40}$$

$$\Pi_{M1}^{D\bar{D}}(w)=(w_1-c_1)D_1^{D\bar{D}}(w) \tag{5-41}$$

$$\Pi_{M2}^{D\bar{D}}(w)=(w_2-c_2-t)D_2^{D\bar{D}}(w) \tag{5-42}$$

此时链上成员的均衡解为

$$w_1^{D\bar{D}*}=\frac{\theta b(8b^2-3c^2)a_1+2\theta c(3b^2-c^2)a_2}{4(2b^2-c^2)^2-b^2c^2}+\frac{2c_1(2b^2-c^2)^2+\theta bc(2b^2-c^2)(c_2+t)}{4(2b^2-c^2)^2-b^2c^2} \tag{5-43}$$

$$p_1^{D\bar{D}*}(w)=\frac{2(3b^2-c^2)w_1^{D\bar{D}*}+(c^2-2b^2)c_1}{\theta(4b^2-c^2)} \tag{5-44}$$

$$D_1^{D\bar{D}*}(w)=\frac{b(2b^2-c^2)(w_1^{D\bar{D}*}-c_1)}{\theta(4b^2-c^2)} \tag{5-45}$$

$$\Pi_{M1}^{D\bar{D}*}=(w_1^{D\bar{D}*}-c_1)D_1^{D\bar{D}*}(w)=\frac{b(2b^2-c^2)(w_1^{D\bar{D}*}-c_1)^2}{\theta(4b^2-c^2)} \tag{5-46}$$

$$\Pi_{R1}^{D\bar{D}*}=(\theta p_1^{D\bar{D}*}-w_1^{D\bar{D}*})D_1^{D\bar{D}*}(w)=\frac{b(2b^2-c^2)^2(w_1^{D\bar{D}*}-c_1)^2}{\theta(4b^2-c^2)^2} \tag{5-47}$$

供应链 1 的利润为

$$\Pi_{SC1}^{D\bar{D}*}=\Pi_{M1}^{D\bar{D}*}+\Pi_{R1}^{D\bar{D}*} \tag{5-48}$$

$$w_2^{D\bar{D}*}=\frac{\theta b(8b^2-3c^2)a_2+2\theta c(3b^2-c^2)a_1+bcc_1(2b^2-c^2)+2\theta(2b^2-c^2)^2(c_2+t)}{4\theta(2b^2-c^2)^2-\theta b^2c^2} \tag{5-49}$$

$$D_2^{D\bar{D}*}(w)=\frac{b(2b^2-c^2)(w_2^{D\bar{D}*}-c_2-t)}{4b^2-c^2} \tag{5-50}$$

$$p_2^{D\bar{D}*}(w)=\frac{2(3b^2-c^2)w_2^{D\bar{D}*}+(c^2-2b^2)(c_2+t)}{4b^2-c^2} \tag{5-51}$$

$$\Pi_{M2}^{D\bar{D}*}=(w_2^{D\bar{D}*}-c_2-t)D_2^{D\bar{D}*}(w)=\frac{b(2b^2-c^2)(w_2^{D\bar{D}*}-c_2-t)^2}{4b^2-c^2} \tag{5-52}$$

$$\Pi_{R2}^{D\bar{D}*}=(p_2^{D\bar{D}*}-w_2^{D\bar{D}*})D_2^{D\bar{D}*}(w)=\frac{b(2b^2-c^2)^2(w_2^{D\bar{D}*}-c_2-t)^2}{(4b^2-c^2)^2} \tag{5-53}$$

供应链 2 的利润为

$$\Pi_{SC2}^{D\bar{D}*}=\Pi_{M2}^{D\bar{D}*}+\Pi_{R2}^{D\bar{D}*} \tag{5-54}$$

3. $\overline{DD}$ 模式下的博弈均衡解

在 $\overline{DD}$ 模式下，两供应链制造商均增加了标签成本 t，零售商消除了库存损耗，因此，可用于销售的库存量为 D 。

对于零售商 1 和 2 来说：

$$\Pi_{Ri}^{\overline{DD}}(p,w)=(p_i-w_i)D_i=(a_i-bp_i+cp_j)(p_i-w_i),\quad i,j=1,2,i\neq j \tag{5-55}$$

对于制造商 1 和 2 来说：

$$\Pi_{Mi}^{\overline{DD}}(w)=(w_i-c_i-t)D_i(w),\quad i,j=1,2,i\neq j \tag{5-56}$$

进行逆推运算，即由零售商利润函数分别对 p_1 和 p_2 求偏导数并求解偏导数为零时的零售价格，得到的价格表达式代入制造商利润函数中，求出制造商的最优批发价格，继而求出零售商的最优销售价格，结果如下：

$$w_i^{\overline{DD}}=\frac{b(8b^2-3c^2)a_i+2c(3b^2-c^2)a_j+(2b^2-c^2)(2(2b^2-c^2)(c_i+t)+bc(c_j+t))}{4(2b^2-c^2)^2-b^2c^2}$$

（5-57）

$$p_i^{\overline{DD}}=\frac{2(3b^2-c^2)w_i^{\overline{DD}}-(c_i+t)(2b^2-c^2)}{4b^2-c^2} \tag{5-58}$$

$$D_i^{\overline{DD}}=\frac{b(2b^2-c^2)(w_i^{\overline{DD}}-c_i-t)}{4b^2-c^2} \tag{5-59}$$

将式（5-57）～式（5-59）代入利润函数表达式，即求出供应链各方及供应链的利润分别为

$$\Pi_{Mi}^{\overline{DD}*}=(w_i^{\overline{DD}*}-c_i-t)D_i^{\overline{DD}*}(w)=\frac{b(2b^2-c^2)(w_i^{\overline{DD}*}-c_i-t)^2}{4b^2-c^2} \tag{5-60}$$

$$\Pi_{Ri}^{\overline{DD}*}=(p_i^{\overline{DD}*}-w_i^{\overline{DD}*})D_i^{\overline{DD}*}(w)=\frac{b(2b^2-c^2)^2(w_i^{\overline{DD}*}-c_i-t)^2}{(4b^2-c^2)^2} \tag{5-61}$$

$$\Pi_{SCi}^{\overline{DD}*}=\Pi_{Mi}^{\overline{DD}*}+\Pi_{Ri}^{\overline{DD}*} \tag{5-62}$$

5.2.3　采用 RFID 技术对供应链收益的影响

1. $D\bar{D}$ 模式与 DD 模式供应链收益情况比较

结论 5.5：若 $0<t<t_1$，制造商采用 RFID 技术后其供应链 2 总利润、制造商 2 利润及零售商 2 利润均增加，制造商愿意采用 RFID 技术；当 $t>t_1$ 时，制造商放弃采用 RFID 技术。供应链 2、制造商 2 以及零售商 2 所能承受的标签成本阈值相同且为 t_1。其中 $t_1=\dfrac{(1-\sqrt{\theta})(\sqrt{\theta}\varphi c_2-\xi)}{\theta\varphi}$。

证明：在两条供应链均是分散式的情况下，供应链 2 采用 RFID 技术，供应链 1 则不采用 RFID 技术，要使供应链 2 愿意采用 RFID 技术，则必须同时满足三个条件：

$$\Pi_{SC2}^{D\bar{D}*}>\Pi_{SC2}^{DD*}，\ \Pi_{R2}^{D\bar{D}*}>\Pi_{R2}^{DD*}，\ \Pi_{M2}^{D\bar{D}*}>\Pi_{M2}^{DD*}$$

即

$$(w_2^{D\bar{D}*} - c_2 - t)D_2^{D\bar{D}*}(w) > (w_2^{DD*} - c_2)D_2^{DD*}(w)$$
$$(p_2^{D\bar{D}*} - w_2^{D\bar{D}*})D_2^{D\bar{D}*}(w) > (\theta p_2^{DD*} - w_2^{DD*})D_2^{DD*}(w)$$
$$(p_2^{D\bar{D}*} - c_2 - t)D_2^{D\bar{D}*}(w) > (\theta p_2^{DD*} - c_2)D_2^{DD*}(w)$$

整理以上三个式子可得相同的结果即 $\theta(w_2^{D\bar{D}*} - c_2 - t)^2 > (w_2^{DD*} - c_2)^2$，把批发价格最优解代入可得

$$(\xi + \theta\varphi(c_2 + t))^2 > \theta(\xi + \varphi c_2)^2$$

化简可求得

$$t < \frac{(1-\sqrt{\theta})(\sqrt{\theta}\varphi c_2 - \xi)}{\theta\varphi}$$

式中

$$\varphi = b^2c^2 - 2(2b^2 - c^2)^2$$
$$\xi = \theta b(8b^2 - 3c^2)a_2 + 2\theta c(3b^2 - c^2)a_1 + bcc_1(2b^2 - c^2)$$

结果说明制造商 2 和零售商 2 及整个供应链 2 所能承受的标签成本阈值相同。

结论 5.6：若 $t_2 < t < t_1$，供应链 2 采用 RFID 技术会促使供应链 1 及其成员收益均增大，即共享供应链 2 采用 RFID 技术所带来的正的溢出效应，若 $t_2 > t_1$ 或 $t < t_2$，则供应链 2 采用 RFID 技术导致供应链 1 及其成员收益均减小，其中 $t_2 = \dfrac{c_2(1-\theta)}{\theta}$。

证明：两分散式供应链，供应链 1 不采用 RFID 技术，供应链 2 采用 RFID 技术，若使供应链 1 及其成员收益均增大则必须满足以下条件：$\Pi_{SC1}^{D\bar{D}*} > \Pi_{SC1}^{DD*}$，$\Pi_{R1}^{D\bar{D}*} > \Pi_{R1}^{DD*}$，$\Pi_{M1}^{D\bar{D}*} > \Pi_{M1}^{DD*}$，即

$$\Pi_{M1}^{D\bar{D}*} = \frac{b(2b^2 - c^2)(w_1^{D\bar{D}*} - c_1)^2}{\theta(4b^2 - c^2)} > \frac{b(2b^2 - c^2)(w_1^{DD*} - c_1)^2}{\theta(4b^2 - c^2)} = \Pi_{M1}^{DD*}$$
$$\Pi_{R1}^{D\bar{D}*} = \frac{b(2b^2 - c^2)^2(w_1^{D\bar{D}*} - c_1)^2}{\theta(4b^2 - c^2)^2} > \frac{b(2b^2 - c^2)^2(w_1^{DD*} - c_i)^2}{\theta(4b^2 - c^2)^2} = \Pi_{R1}^{DD*}$$
$$\Pi_{SC1}^{D\bar{D}*} = \Pi_{M1}^{D\bar{D}*} + \Pi_{R1}^{D\bar{D}*} > \Pi_{SC1}^{DD*} = \Pi_{M1}^{DD*} + \Pi_{R1}^{DD*}$$

从以上式子可得到相同的表达式

$$(w_1^{D\bar{D}*} - c_1)^2 > (w_1^{DD*} - c_1)^2$$

最终求解得出

$$t > \frac{c_2(1-\theta)}{\theta} = t_2$$

结论 5.5 中讨论出供应商 2 采用 RFID 技术的标签成本阈值是 t_1，则 t 必须小于 t_1 才有意义，若 $t_2 < t_1$，当 $t_2 < t < t_1$ 时，供应链 1 利润差大于零；若求得 $t_2 > t_1$ 或者 $t < t_2$，说明在临界标签成本范围内，不存在供应链 1 利润差大于零的情况，那么在这个范围内，供应链 1 的利润差只会为负值。

2. $\overline{DD}$ 模式与 DD 模式供应链收益情况比较

结论 5.7：两分散式供应链均采用 RFID 技术，若使供应链采用 RFID 技术之后的收益大于不采用 RFID 技术的收益，则必须满足 $0 < t < t_3$，且供应链、制造商、零售商所能承受的标签成本阈值相同；若 $t > t_3$，供应链收益减小，供应商选择不投资 RFID 技术。其中

$$t_3 = \frac{(1-\sqrt{\theta})(-\sqrt{\theta}A + bc(2b^2-c^2)c_j - \psi c_i)}{\sqrt{\theta}(bc(2b^2-c^2)+\psi)}$$

$$\varphi = b^2c^2 - 2(2b^2-c^2)^2$$

$$A = b(8b^2-3c^2)a_i + 2c(3b^2-c^2)a_j$$

证明：两条供应链均采用 RFID 技术时的收益表达式分别为

$$\Pi_{Mi}^{\overline{DD}*} = (w_i^{\overline{DD}*} - c_i - t)D_i^{\overline{DD}*}(w) = \frac{b(2b^2-c^2)(w_i^{\overline{DD}*} - c_i - t)^2}{4b^2-c^2}$$

$$\Pi_{Ri}^{\overline{DD}*} = (p_i^{\overline{DD}*} - w_i^{\overline{DD}*})D_i^{\overline{DD}*}(w) = \frac{b(2b^2-c^2)^2(w_i^{\overline{DD}*} - c_i - t)^2}{(4b^2-c^2)^2}$$

$$\Pi_{SCi}^{\overline{DD}*} = \Pi_{Mi}^{\overline{DD}*} + \Pi_{Ri}^{\overline{DD}*}$$

均不采用 RFID 技术时的收益为

$$\Pi_{Mi}^{DD*} = (w_i^{DD*} - c_i)D_i^{DD*}(w) = \frac{b(2b^2-c^2)(w_i^{DD*} - c_i)^2}{\lambda(4b^2-c^2)}$$

$$\Pi_{Ri}^{DD*} = (\theta p_i^{DD*} - w_i^{DD*})D_i^{DD*}(w) = \frac{b(2b^2-c^2)^2(w_i^{DD*} - c_i)^2}{\theta(4b^2-c^2)^2}$$

$$\Pi_{SCi}^{DD*} = \Pi_{Mi}^{DD*} + \Pi_{Ri}^{DD*}$$

供应链投资 RFID 技术之后的收益大于投资 RFID 技术之前的收益则必须满足下列条件：

$$\Pi_{SCi}^{\overline{DD}*} > \Pi_{SCi}^{DD*},\quad \Pi_{Ri}^{\overline{DD}*} > \Pi_{Ri}^{DD*},\quad \Pi_{Mi}^{\overline{DD}*} > \Pi_{Mi}^{DD*}$$

即化简即得共同表达式

$$\theta(w_i^{\overline{DD}} - c_i - t)^2 > (w_i^{DD} - c_i)^2$$

$$t > \frac{(1-\sqrt{\theta})(-\sqrt{\theta}A + bc(2b^2 - c^2)c_j - \psi c_i)}{\sqrt{\theta}(bc(2b^2 - c^2) + \psi)} = t_3, \quad i,j = 1,2, i \neq j$$

式中

$$A = b(8b^2 - 3c^2)a_i + 2c(3b^2 - c^2)a_j \varphi = b^2c^2 - 2(2b^2 - c^2)^2$$

3. $\overline{DD}$ 模式与 $D\bar{D}$ 模式供应链收益情况比较

结论 5.8：若 $\frac{(1-\theta)c_1}{\theta} < t < \min(t_1, t_3)$，则在 $\overline{DD}$ 模式下供应链 2 总收益、制造商 2 收益、零售商 2 收益均大于 $D\bar{D}$ 模式下相应收益；若 $t < \frac{(1-\theta)c_1}{\theta} < \min(t_1，t_3)$，结果则相反。

证明：从结论 5.5 和结论 5.7 中得到，若使 $\overline{DD}$ 模式与 $D\bar{D}$ 模式中采用 RFID 技术，则必须满足条件 $t < t_1$ 和 $t < t_3$，即对这两种模式进行讨论的前提必须满足 $t < \min(t_1, t_3)$。

另外在 $\overline{DD}$ 模式中，若供应链 2 相应收益大于 $D\bar{D}$ 模式下相应收益，则

$$\Pi_{SC2}^{\overline{DD}*} > \Pi_{SC2}^{D\bar{D}*}，\quad \Pi_{R2}^{\overline{DD}*} > \Pi_{R2}^{D\bar{D}*}，\quad \Pi_{M2}^{\overline{DD}*} > \Pi_{M2}^{D\bar{D}*}$$

化简得

$$(w_2^{\overline{DD}*} - c_2 - t)^2 > (w_2^{D\bar{D}*} - c_2 - t)^2$$

因 $w_2^{\overline{DD}*} > c_2 + t$，$w_2^{D\bar{D}*} > c_2 + t$，故 $w_2^{\overline{DD}*} > w_2^{D\bar{D}*}$，将 $w_2^{\overline{DD}*}$、$w_2^{D\bar{D}*}$ 数值代入计算得 $t > \frac{(1-\theta)c_1}{\theta}$。

结论 5.9：若 $t < t_4 < \min(t_1, t_3)$，供应链 1 会选择 $D\bar{D}$ 模式；若 $t_4 < t < \min(t_1, t_3)$，则供应链 1 会选择 $\overline{DD}$ 模式，其中

$$t_4 = \frac{-\sqrt{\theta}A + \sqrt{\theta}bc(2b^2 - c^2)c_2 + \psi c_1}{\sqrt{\theta}(bc(2b^2 - c^2) + \psi)}$$

证明：$\overline{DD}$ 模式与 $D\bar{D}$ 模式下，供应链 1 的收益变化量为

$$\Delta = \Pi_{SC1}^{\overline{DD}*} - \Pi_{SC1}^{D\bar{D}*} = \frac{b(2b^2 - c^2)}{(4b^2 - c^2)}\left(1 + \frac{2b^2 - c^2}{4b^2 - c^2}\right)\left((w_i^{\overline{DD}*} - c_i - t)^2 - \frac{(w_i^{D\bar{D}*} - c_i)^2}{\theta}\right)$$

若 $\Delta > 0$，则

$$\theta(w_i^{\overline{DD}} - c_i - t)^2 > (w_i^{D\bar{D}} - c_i)^2$$

$$t > \frac{-\sqrt{\theta}A + \sqrt{\theta}bc(2b^2 - c^2)c_2 + \psi c_1}{\sqrt{\theta}(bc(2b^2 - c^2) + \psi)} = t_4$$

其中

$$A = b(8b^2 - 3c^2)a_i + 2c(3b^2 - c^2)a_j$$

$$\varphi = b^2c^2 - 2(2b^2 - c^2)^2$$

此外也讨论了 $D\bar{D}$ 模式下供应链 2 采用 RFID 技术的临界值 t_1，$\overline{DD}$ 模式供应链 1 采用 RFID 技术的临界值 t_3，因此，当 $t_4 < \min(t_1, t_3)$ 时，求解出的 t_4 才有意义。

5.2.4　算例分析

令市场需求参数 $a_1 = a_2 = 200$，$b = 15$，$c = 12$，首先考虑供应链关于产品的成本结构是相同的，令参数分别为 $c_1 = c_2 = 10$，零售商库存可利用率为 $\theta = 0.8$，RFID 标签单位价格为 t。

1. 分析三种模式下供应链各方利润随标签成本的变化情况

1）DD、$D\bar{D}$ 两种模式

以 $D\bar{D}$ 模式与 DD 模式下供应链各成员的利润差为纵坐标，以标签成本 t 为横坐标，分析各成员利润差随 t 的变化，如图 5.12 所示。

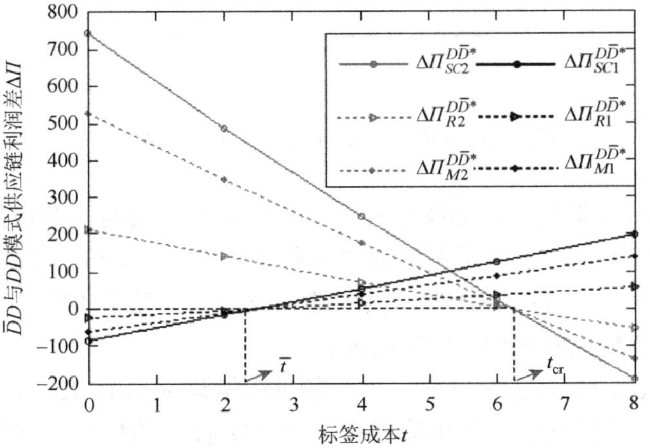

图 5.12　$D\bar{D}$ 与 DD 模式供应链利润差变化

从图 5.12 中可看出，当供应链 2 采用 RFID 技术后，其各成员的利润差随着标签成本的增大而减小，当利润差为零时，即求出采用 RFID 技术的标签成本临界值 $t_{cr} = 6.2$，当 $t < 6.2$ 时，制造商 2 愿意采用 RFID 技术，供应链 2 各成员均受益；当 $t > 6.2$ 时，制造商采用 RFID 技术的利润小于不采用 RFID 技术的利润，故

制造商 2 不会采用 RFID 技术。换句话说，在标签成本临界值范围内，投资 RFID 技术是供应链的最优策略。

供应链 1 各成员的利润差均随着 t 的增大而增大，当 $t<2.5$ 时，供应链 1 利润差为负，也就是说一方供应链采用 RFID 技术之后，竞争方利润减小，当 $2.5<t<6.2$ 时，供应链 1 利润差为正，即竞争供应链共享竞争方采用 RFID 技术所带来的溢出效应，这时采用 RFID 技术对供应链双方均有利，实现双赢。

2）DD 和 $\overline{DD}$ 两种模式

以 $\overline{DD}$ 模式与 DD 模式下供应链各成员的利润差为纵坐标，以标签成本 t 为横坐标，分析各成员利润差随 t 的变化，如图 5.13 所示。

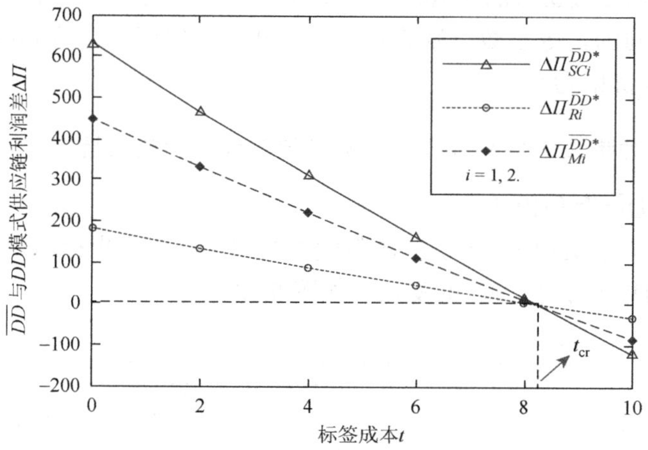

图 5.13　$\overline{DD}$ 与 DD 模式供应链利润差变化

从图 5.13 可以得出，在 $\overline{DD}$ 模式下，两供应链成员对应获得的收益值相等，相应利润差曲线重合，各成员利润差共同相交于一点，即最大标签成本值点，如图 5.13 中 $t_{cr}=8.2$，当 $t<8.2$ 时，供应链各成员均受益于 RFID 技术的采用；当 $t>8.2$ 时，制造商放弃采用 RFID 技术。

综合分析图 5.12 与图 5.13 得，当两条供应链均采用 RFID 技术时所能承担的临界标签成本大于仅其中一条供应链采用 RFID 技术的情况。这说明，若标签成本较高，两条供应链均选择投资 RFID 技术是双赢最优策略。

3）$D\bar{D}$ 和 $\overline{DD}$ 两种模式

以 $\overline{DD}$ 模式与 $D\bar{D}$ 模式下供应链各成员的利润差为纵坐标，以标签成本 t 为横坐标，分析各成员利润差随 t 的变化，如图 5.14 和图 5.15 所示。

图 5.14 说明 $\overline{DD}$ 模式下，采用 RFID 技术的供应链 1 各成员收益随着 t 的增大而减小，而 $D\bar{D}$ 模式下，不采用 RFID 技术供应链 1 各成员收益随着 t 的增大而

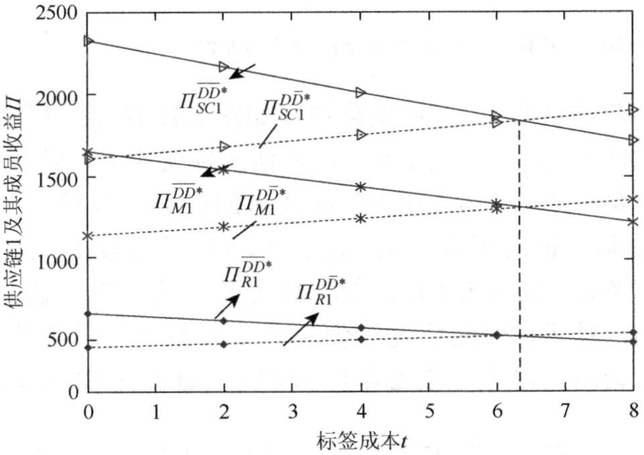

图 5.14　$D\overline{D}$ 与 $\overline{DD}$ 模式下，供应链 1 及其成员收益

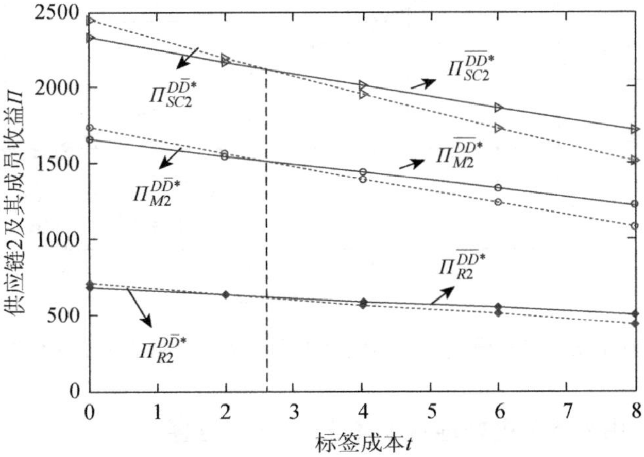

图 5.15　$D\overline{D}$ 与 $\overline{DD}$ 模式下，供应链 2 及其成员收益

增大，当$t<6.3$时，$\overline{DD}$ 模式各成员收益大于 $D\overline{D}$ 模式下对应各成员的收益；当$t>6.3$时，结论相反。

图 5.15 说明不管是在 $\overline{DD}$ 模式还是 $D\overline{D}$ 模式下，采用 RFID 技术的供应链 2 各成员收益均随着t的增大而减小，当$t<2.5$时，$D\overline{D}$ 模式下供应链 2 各成员收益大于 $\overline{DD}$ 模式对应各成员的收益；当$t>2.5$时，结论相反。

由图 5.14 与图 5.15 得，当$2.5<t<6.3$时，$\overline{DD}$ 模式下两条供应链总收益及各成员收益均大于 $D\overline{D}$ 模式相应供应链及成员的收益。

2. 比较三种模式下供应链收益随t的变化情况

三种模式下供应链收益随t的变化情况如图 5.16 所示，从图 5.16 得出，DD 模式下供应链收益恒定不变，与t无关；其他两种模式下，采用 RFID 技术的供应链收益随t增大而减小，不采用 RFID 技术的供应链收益随t的增大而增大；其中在标签成本临界值范围内，当$t<2.5$时，$\Pi_{SC1}^{D\bar{D}*}$值最小；当$2.5<t<6.2$时，$\Pi_{SCi}^{\overline{DD}*}$值最大；当$6.2<t<8.2$时，$D\bar{D}$ 模式下，供应链 2 因超过最大标签成本放弃采用 RFID 技术，而此情况下供应链 1 收益大于供应链 2，因此供应链 1 可以采用协调策略鼓励供应链 2 继续采用 RFID 技术实现双赢。

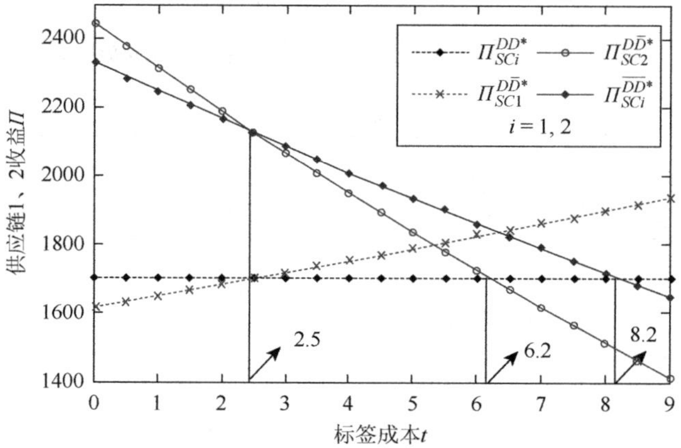

图 5.16　三种模式下，供应链 1 和供应链 2 收益随t变化图

在$t=5$时，用表 5.3 更好地说明本书的研究内容。

从表 5.3 可以看出，三种模式在$t=5$的情况下，供应链的批发价格、销售价格、供应链各成员及总收益均增大，说明供应链采用 RFID 技术在增加成本的基础上也收益于 RFID 技术的应用，同时两条供应链均采用 RFID 技术是供应链的最优策略；而$D\bar{D}$模式下供应链 1 的市场需求量最大，市场竞争力增大，收益增大，这也得益于竞争供应链采用 RFID 技术所带来的溢出效应。

表 5.3　三种模式下供应链各方收益分析表（$t=5$）

	DD 模式		$D\bar{D}$ 模式		$\overline{DD}$ 模式	
	$i=1$	$i=2$	$i=1$	$i=2$	$i=1$	$i=2$
w_i	22.6	22.6	23.0	29.7	30.1	30.1
p_i	34.7	34.7	35.3	35.6	36.2	36.2

续表

	DD 模式		$D\bar{D}$ 模式		$\overline{DD}$ 模式	
	$i=1$	$i=2$	$i=1$	$i=2$	$i=1$	$i=2$
D_i	95.9	95.9	98.4	89.0	91.5	91.5
Π_{Mi}	1212.3	1212.3	1274.9	1306.1	1378.7	1378.7
Π_{Ri}	490.7	490.7	516.0	528.7	558.1	558.1
Π_{SCi}	1703.0	1703.0	1790.9	1834.7	1936.8	1936.8

3. 标签成本及库存可利用率对供应链收益的影响

假设标签成本 t 在[0，6]变化，库存可利用率 θ 在[0.2，1]变化，利用 MATLAB 计算出 DD 模式、$D\bar{D}$ 模式、$\overline{DD}$ 模式下供应链 1 和供应链 2 的总收益情况，如图 5.17 所示。

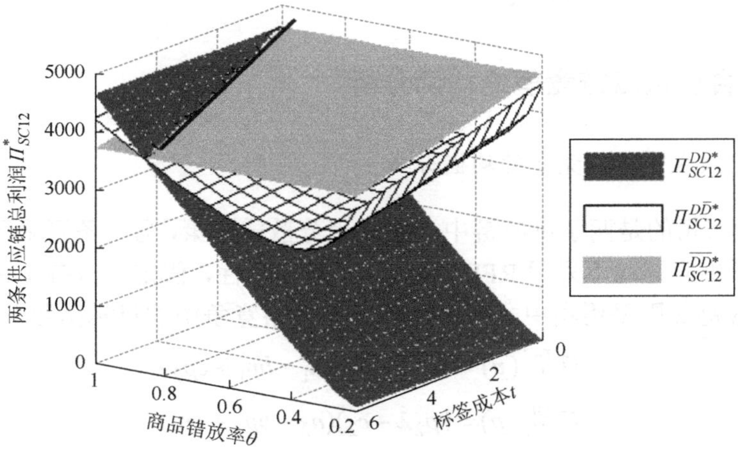

图 5.17　三种模式下，两条供应链总利润随 t 、θ 变化图

从此图 5.17 可以看出，当标签成本 t 由小变大时，$\Pi^{D\bar{D}*}_{SC12}$、$\Pi^{\overline{DD}*}_{SC12}$ 的值逐渐减小，而 Π^{DD*}_{SC12} 的值没有变化，说明它只与 θ 有关；当库存可利用率 θ 由小变大时，Π^{DD*}_{SC12} 由小变大，增幅最大；$\Pi^{D\bar{D}*}_{SC12}$ 先减小后增大；$\Pi^{\overline{DD}*}_{SC12}$ 没有变化，说明它只与 t 有关。

当库存可利用率 θ 很高时（如 $\theta=0.9$），供应链总的收益情况是 $\Pi^{DD*}_{SC12} > \Pi^{D\bar{D}*}_{SC12} > \Pi^{\overline{DD}*}_{SC12}$，当库存可利用率 θ 很低时（如 $\theta=0.3$），供应链总的收益情况是

$\Pi_{SC12}^{DD*} < \Pi_{SC12}^{D\bar{D}*} < \Pi_{SC12}^{\overline{DD}*}$，这种情况说明库存可利用率很高时，投资 RFID 技术无利可图，是不明智的行为，只有在库存可利用率很低时，才能明显地发挥投资 RFID 技术的优势，增大供应链整体收益。

5.3 混合型供应链 RFID 技术投资决策研究

5.3.1 问题描述

本章中的混合情形指的是两条供应链中一条采用分散式决策，另一条则采用集中式决策。假定制造商 1 与零售商 1 仍然独立决策，而制造商 2 与零售商 2 达成战略联盟。分四种形式进行阐述：两条供应链均不采用 RFID 技术（简称 DC 模式）；供应链 2 采用 RFID 技术，供应链 1 不采用 RFID 技术（简称 $D\bar{C}$ 模式）；供应链 1 采用 RFID 技术，供应链 2 不采用 RFID 技术（简称 $\bar{D}C$ 模式）；供应链 1 和供应链 2 均采用 RFID 技术（简称 $\overline{DC}$ 模式）。最后综合分析这几种情形下，采用 RFID 技术的收益及临界成本。

5.3.2 混合型供应链竞争的均衡分析

1. *DC 模式供应链竞争的均衡分析*

DC 模式指的是两条供应链中一条采用分散式决策，另一条则采用集中式决策，且两条供应链均不采用 RFID 技术。不失一般性，假定供应链 1 采用分散式决策，供应链 2 则采用集中式决策，那么在价格竞争中的目标函数分别为

$$\Pi_{R1}^{DC}(p) = (\lambda p_1 - w_1)(a_1 - bp_1 + cp_2) \tag{5-63}$$

$$\Pi_{SC2}^{DC}(p) = (p_2\lambda - c_2)(a_2 - bp_2 + cp_1) \tag{5-64}$$

最优价格的一阶条件是

$$\frac{\partial \Pi_{R1}^{DC}(p)}{\partial p_1} = \lambda a_1 - 2b\lambda p_1 + \lambda cp_2 + w_1 b = 0$$

$$\frac{\partial \Pi_{SC2}^{DC}(p)}{\partial p_2} = \lambda a_2 - 2b\lambda p_2 + \lambda cp_1 + bc_2 = 0$$

很容易可以得到：

$$\frac{\partial^2 \Pi_{SC2}^{DC}(p)}{\partial p_2^2} = -2b\lambda < 0$$

供应链 2 与零售商 1 的利润函数关于各自价格变量是严格凹函数，由一阶、二阶条件可得，各自最优销售价格为

$$p_1^{DC*}(w)=\frac{\lambda(2ba_1+ca_2)+b(cc_2+2bw_1)}{\lambda(4b^2-c^2)} \tag{5-65}$$

$$p_2^{DC*}(w)=\frac{\lambda(2ba_2+ca_1)+b(cw_1+2bc_2)}{\lambda(4b^2-c^2)} \tag{5-66}$$

$$D_1^{DC*}(w)=\frac{w_1b(c^2-2b^2)+b^2cc_2+2\lambda b^2a_1+bc\lambda a_2}{\lambda(4b^2-c^2)} \tag{5-67}$$

$$D_2^{DC*}(w)=\frac{bc_2(c^2-2b^2)+b^2cw_1+2\lambda b^2a_2+bc\lambda a_1}{\lambda(4b^2-c^2)} \tag{5-68}$$

价格均衡状态下各自的利润函数分别为

$$\Pi_{M1}^{DC}(w)=(w_1-c_1)D_1^{DC*}，\quad \Pi_{SC2}^{CD}(w)=(p_2^*\lambda-c_2)D_2^{DC*}$$

零售商 1 批发价格均衡条件为

$$\frac{\partial\Pi_{M1}^{DC}(w)}{\partial w_1}=\frac{2w_1b(c^2-2b^2)+b^2cc_2+2\lambda b^2a_1+bc\lambda a_2-bc_1(c^2-2b^2)}{\lambda(4b^2-c^2)}=0$$

很容易可以得出 $\frac{\partial^2\Pi_{M1}^{DC}(w)}{\partial w_1^2}<0$，从而零售商 2 利润函数关于其批发价格的变量是严格凹的，则 $w_1^{DC*}=\frac{bcc_2+2\lambda ba_1+c\lambda a_2+c_1(2b^2-c^2)}{2(2b^2-c^2)}$，将 w_1^{DC*} 代入 $p_1^{DC*}(w)$ 得

$$p_1^{DC*}(w)=\frac{\lambda(3b^2-c^2)(2ba_1+ca_2)+bcc_2(3b^2-c^2)+b^2c_1(2b^2-c^2)}{\lambda(4b^2-c^2)(2b^2-c^2)} \tag{5-69}$$

将 w_1^{DC*}、$p_1^{DC*}(w)$、$D_1^{DC*}(w)$ 代入 $\Pi_{M1}^{DC}(w)$、$\Pi_{R1}^{DC}(w)$ 即求得制造商 1、零售商 1 和供应链 1 的最大利润。

将 $p_2^{DC*}(w)$、$D_2^{DC*}(w)$ 代入 $\Pi_{SC2}^{DC}(w)$ 中，即得供应链 2 的最优利润。

2. $\overline{D}C$ 模式竞争供应链的均衡分析

假定供应链 1 采用分散式决策，供应链 2 则采用集中式决策，不同的是，分散式供应链 1 采用 RFID 技术，集中式供应链 2 则不采用 RFID 技术，此种情形称为 $\overline{D}C$ 模式。此时的目标函数分别为

$$\Pi_{R1}^{\overline{D}C}(p,w)=(p_1-w_1)(a_1-bp_1+cp_2) \tag{5-70}$$

$$\Pi_{SC2}^{\overline{D}C}(p)=(\lambda p_2-c_2)(a_2-bp_2+cp_1) \tag{5-71}$$

最优价格的一阶条件是

$$\frac{\partial \Pi_{R1}^{\bar{D}C}(p,w)}{\partial p_1} = a_1 - 2bp_1 + cp_2 + w_1 b = 0$$

$$\frac{\partial \Pi_{SC2}^{\bar{D}C}(p)}{\partial p_2} = \lambda(a_2 - 2bp_2 + cp_1) + bc_2 = 0$$

很容易可以得到:

$$\frac{\partial^2 \Pi_{R1}^{\bar{D}C}(p,w)}{\partial p_1^2} = -2b < 0, \quad \frac{\partial^2 \Pi_{SC2}^{\bar{D}C}(p)}{\partial p_2^2} = -2b\lambda < 0$$

显然，供应链 2 与零售商 1 的利润函数关于各自价格决策变量是严格凹的，同时求解以上等式可以得到均衡价格:

$$p_1^{\bar{D}C*}(w) = \frac{\lambda(2ba_1 + ca_2) + 2b^2\lambda w_1 + bcc_2}{\lambda(4b^2 - c^2)} \tag{5-72}$$

$$p_2^{\bar{D}C*}(w) = \frac{\lambda(2ba_2 + ca_1) + \lambda bcw_1 + 2b^2 c_2}{\lambda(4b^2 - c^2)} \tag{5-73}$$

$$D_1^{\bar{D}C*}(w) = \frac{w_1 b(c^2 - 2b^2) + \lambda b^2 c(c_2 + t) + 2\lambda b^2 a_1 + bc\lambda a_2}{\lambda(4b^2 - c^2)} \tag{5-74}$$

$$D_2^{\bar{D}C*}(w) = \frac{bc_2(c^2 - 2b^2) + b^2 c\lambda w_1 + 2\lambda b^2 a_2 + bc\lambda a_1}{\lambda(4b^2 - c^2)} \tag{5-75}$$

制造商 1 的利润函数为

$$\Pi_{M1}^{\bar{D}C*}(w) = (w_1 - c_1 - t)D_1^{\bar{D}C*}(w) \tag{5-76}$$

制造商 1 批发价格均衡条件为

$$\frac{\partial \Pi_{M1}^{\bar{D}C}(w)}{\partial w_1} = \frac{2w_1 b\lambda(c^2 - 2b^2) + b^2 cc_2 + 2\lambda b^2 a_1 + bc\lambda a_2 - b\lambda(c_1 + t)(c^2 - 2b^2)}{\lambda(4b^2 - c^2)} = 0$$

很容易可以得出

$$\frac{\partial^2 \Pi_{M1}^{\bar{D}C}(w)}{\partial w_1^2} < 0$$

从而制造商 1 利润函数关于其批发价格变量是严格凹的，则

$$w_1^{\bar{D}C*} = \frac{bcc_2 + 2\lambda ba_1 + c\lambda a_2 - \lambda(c_1 + t)(c^2 - 2b^2)}{2\lambda(2b^2 - c^2)} \tag{5-77}$$

将 $w_1^{\bar{D}C*}$ 代入得 $p_1^{\bar{D}C*}$，则零售商 1 的利润表达式为

$$\Pi_{R1}^{\bar{D}C*}(w) = (p_1^{\bar{D}C*}(w) - w_1^{\bar{D}C*})D_1^{\bar{D}C*}(w)$$

供应链 1 的利润表达式为

$$\Pi_{SC1}^{\bar{D}C^*}(w)=(p_1^{\bar{D}C^*}(w)-c_1-t)D_1^{\bar{D}C^*}(w)$$

将求出的 $w_1^{\bar{D}C^*}$ 代入上述式子即可求出相应利润。

同样可求出供应链 2 的最优利润。

3. $D\bar{C}$ 模式竞争供应链的均衡分析

假设供应链 2 采用 RFID 技术，供应链 1 不采用 RFID 技术，此种情形下称为 $D\bar{C}$ 模式，那么此时的目标函数分别为

$$\Pi_{R1}^{D\bar{C}}(p,w)=(\lambda p_1-w_1)(a_1-bp_1+cp_2) \tag{5-78}$$

$$\Pi_{SC2}^{D\bar{C}}(p)=(p_2-c_2-t)(a_2-bp_2+cp_1) \tag{5-79}$$

最优价格的一阶条件是

$$\frac{\partial\Pi_{R1}^{D\bar{C}}(p,w)}{\partial p_1}=\lambda a_1-2b\lambda p_1+\lambda cp_2+w_1b=0$$

$$\frac{\partial\Pi_{SC2}^{D\bar{C}}(p)}{\partial p_2}=a_2-2bp_2+cp_1+bc_2+bt=0$$

很容易可以得到：

$$\frac{\partial^2\Pi_{SC2}^{D\bar{C}}(p,w)}{\partial p_2^2}=-2b<0,\quad \frac{\partial^2\Pi_{R1}^{D\bar{C}}(p)}{\partial p_1^2}=-2b\lambda<0$$

同理可得

$$p_1^{D\bar{C}^*}(w)=\frac{\lambda(2ba_1+ca_2)+2b^2w_1+\lambda bc(c_2+t)}{\lambda(4b^2-c^2)} \tag{5-80}$$

$$p_2^{D\bar{C}^*}(w)=\frac{\lambda(2ba_2+ca_1)+bcw_1+2\lambda b^2(t+c_2)}{\lambda(4b^2-c^2)} \tag{5-81}$$

$$D_1^{D\bar{C}^*}(w)=\frac{w_1b(c^2-2b^2)+\lambda b^2c(c_2+t)+2\lambda b^2a_1+bc\lambda a_2}{\lambda(4b^2-c^2)} \tag{5-82}$$

$$D_2^{D\bar{C}^*}(w)=\frac{\lambda b(c_2+t)(c^2-2b^2)+b^2cw_1+2\lambda b^2a_2+bc\lambda a_1}{\lambda(4b^2-c^2)} \tag{5-83}$$

价格均衡状态下制造商 1 利润函数分别为

$$\Pi_{M1}^{DC}(w)=(w_1-c_1)D_1^{DC^*} \tag{5-84}$$

制造商 1 批发价格均衡条件为

$$\frac{\partial\Pi_{M1}^{D\bar{C}}(w)}{\partial w_1}=\frac{2w_1b(c^2-2b^2)+\lambda b^2c(c_2+t)+2\lambda b^2a_1+bc\lambda a_2-bc_1(c^2-2b^2)}{\lambda(4b^2-c^2)}=0$$

很容易可以得出

$$\frac{\partial^2 \Pi_{M1}^{D\bar{C}}(w)}{\partial w_1^2} < 0$$

从而制造商 2 利润函数关于其批发价格变量是严格凹的，则

$$w_1^{D\bar{C}*} = \frac{\lambda bc(c_2 + t) + 2\lambda ba_1 + c\lambda a_2 + c_1(2b^2 - c^2)}{2(2b^2 - c^2)} \tag{5-85}$$

将 $w_1^{D\bar{C}*}$ 代入得

$$\Pi_{SC2}^{D\bar{C}*}(w) = (p_2^{D\bar{C}*} - c_2 - t)D_2^{D\bar{C}*}$$

4. $\overline{DC}$ 模式供应链竞争的均衡分析

供应链 1 和供应链 2 均采用 RFID 技术，此种情形下称为 $\overline{DC}$ 模式，那么此时的目标函数分别为

$$\Pi_{R1}^{\overline{DC}}(p) = (p_1 - w_1)(a_1 - bp_1 + cp_2) \tag{5-86}$$

$$\Pi_{SC2}^{\overline{DC}}(p) = (p_2 - c_2 - t)(a_2 - bp_2 + cp_1) \tag{5-87}$$

最优价格的一阶条件是

$$\frac{\partial \Pi_{R1}^{\overline{DC}}(p)}{\partial p_1} = a_1 - 2bp_1 + cp_2 + w_1 b = 0$$

$$\frac{\partial \Pi_{SC2}^{\overline{DC}}(p)}{\partial p_2} = a_2 - 2bp_2 + cp_1 + bc_2 + bt = 0$$

同理可得

$$p_1^{\overline{DC}*}(w) = \frac{2ba_1 + ca_2 + b(cc_2 + ct + 2bw_1)}{4b^2 - c^2} \tag{5-88}$$

$$p_2^{\overline{DC}*}(w) = \frac{2ba_2 + ca_1 + b(cw_1 + 2bc_2 + 2bt)}{4b^2 - c^2} \tag{5-89}$$

$$D_1^{\overline{DC}*}(w) = \frac{w_1 b(c^2 - 2b^2) + b^2 c(c_2 + t) + 2b^2 a_1 + bca_2}{4b^2 - c^2} \tag{5-90}$$

$$D_2^{\overline{DC}*}(w) = \frac{b(c_2 + t)(c^2 - 2b^2) + b^2 cw_1 + 2b^2 a_2 + bca_1}{4b^2 - c^2} \tag{5-91}$$

价格均衡状态下各自的利润函数分别为

$$\Pi_{M1}^{\overline{DC}}(w) = (w_1 - c_1 - t)D_1^{\overline{DC}*}, \quad \Pi_{SC2}^{\overline{DC}}(w) = (p_2^* - c_2 - t)D_2^{\overline{DC}*}$$

零售商 1 批发价格均衡条件为

$$\frac{\partial \Pi_{M1}^{\overline{DC}}(w)}{\partial w_1}=\frac{2w_1b(c^2-2b^2)+b^2c(c_2+t)+2b^2a_1+bca_2-b(c_1+t)(c^2-2b^2)}{4b^2-c^2}=0$$

很容易可以得出 $\frac{\partial^2 \Pi_{M1}^{\overline{DC}}(w)}{\partial w_1^2}<0$，从而零售商 2 利润函数关于其批发价格的变量是严格凹的，则

$$w_1^{\overline{DC}*}=\frac{bc(c_2+t)+2ba_1+ca_2+(c_1+t)(2b^2-c^2)}{2(2b^2-c^2)}$$

将 $w_1^{\overline{DC}*}$ 代入 $p_1^{\overline{DC}*}$ 得

$$p_1^{\overline{DC}*}=\frac{(3b^2-c^2)(2ba_1+ca_2)+bc(c_2+t)(3b^2-c^2)+b^2(c_1+t)(2b^2-c^2)}{(4b^2-c^2)(2b^2-c^2)} \quad (5\text{-}92)$$

将 $w_1^{\overline{DC}*}$、$p_1^{\overline{DC}*}(w)$、$D_1^{\overline{DC}*}(w)$ 代入 $\Pi_{M1}^{\overline{DC}}(w)$、$\Pi_{R1}^{\overline{DC}}(w)$ 即求得制造商 1、零售商 1 和供应链 1 的最大利润。

将 $p_2^{\overline{DC}*}(w)$、$D_2^{\overline{DC}*}(w)$ 代入 $\Pi_{SC2}^{\overline{DC}}(w)$ 中，即得供应链 2 的最优利润。

5.3.3　采用 RFID 技术对供应链收益的影响

1. $\bar{D}C$ 模式与 DC 模式供应链收益情况比较

命题 5.1：当 $t<t_3$ 时，混合情形下，分散式供应链 1 采用 RFID 技术后各成员收益及供应链总利润均增加，供应商愿意采用 RFID 技术；当 $t>t_3$ 时，供应链 1 采用 RFID 技术之后的利润小于采用 RFID 技术之前的利润，供应商不愿意采用 RFID 技术，其中 $t_3=\frac{(1-\sqrt{\lambda})(\sqrt{\lambda}\tau c_1-\mu)}{\lambda\tau}$。

证明：当 $\Pi_{M1}^{\bar{D}C*}>\Pi_{M1}^{DC*}$ 时，即

$$(w_1^{\bar{D}C*}-c_1-t)D_1^{\bar{D}C*}(w)>(w_1^{DC*}-c_1)D_1^{DC*}(w)$$

当 $\Pi_{R1}^{\bar{D}C*}>\Pi_{R1}^{DC*}$ 时，即

$$(p_1^{\bar{D}C*}(w)-w_1^{\bar{D}C*})D_1^{\bar{D}C*}(w)>(\lambda p_1^{DC*}(w)-w_1^{DC*})D_1^{DC*}(w)$$

当 $\Pi_{SC1}^{\bar{D}C*}(w)>\Pi_{SC1}^{DC*}(w)$ 时，即

$$\Pi_{M1}^{\bar{D}C*}+\Pi_{R1}^{\bar{D}C*}>\Pi_{M1}^{DC*}+\Pi_{R1}^{DC*}$$

将 $w_1^{\bar{D}C*}$、w_1^{DC*}、$p_1^{\bar{D}C*}(w)$、$p_1^{DC*}(w)$、$D_1^{\bar{D}C*}(w)$、$D_1^{DC*}(w)$ 代入以上各式，可求得共同的式子

$$\lambda(\tau c_1+\mu)^2<(\mu+\lambda\tau(c_1+t))^2$$

化简可得

$$t<\frac{(1-\sqrt{\lambda})(\sqrt{\lambda}\tau c_1-\mu)}{\lambda\tau}$$

式中

$$\tau=c^2-2b^2$$
$$\mu=bcc_2+\lambda(2ba_1+ca_2)$$

2. $D\overline{C}$ 模式与 DC 模式供应链收益情况比较

命题 5.2：当 $t<t_2$ 时，混合情形下，集中式供应链供应商采用 RFID 技术后供应链总利润增加，供应商愿意采用 RFID 技术；当 $t>t_2$ 时，供应链采用 RFID 技术后其总利润减少，供应商不愿意采用 RFID 技术，

$$t_2=\frac{(1-\sqrt{\lambda})}{\lambda}\frac{(\varphi+\theta+bcc_1(2b^2-c^2)-\sqrt{\lambda}b^2c^2c_2)}{2(2b^2-c^2)^2-b^2c^2}$$

式中

$$\varphi=2\lambda(2b^2-c^2)(2ba_2+ca_1)$$
$$\theta=bc\lambda(2ba_1+ca_2)$$

证明：$D\overline{C}$ 模式与 DC 模式对比，集中式供应链 2 采用 RFID 技术的条件是 $\Pi_{SC2}^{D\overline{C}}(w)>\Pi_{SC2}^{DC}(w)$，即

$$(p_2^{D\overline{C}*}(w)-c_2-t)D_2^{D\overline{C}*}(w)>(\lambda p_2^{DC*}(w)-c_2)D_2^{DC*}(w)$$

将各变量的值代入式子中得

$$\frac{(\lambda(c_2+t)(c^2-2b^2)+bcw_1^{D\overline{C}*}+\lambda(2ba_2+ca_1))^2}{\lambda}>(c_2(c^2-2b^2)+bcw_1^{DC*}+\lambda(2ba_2+ca_1))^2$$

将 $w_1^{D\overline{C}*}$ 和 w_1^{DC*} 的值代入即可求得

$$t<\frac{(1-\sqrt{\lambda})}{\lambda}\frac{(\varphi+\theta+bcc_1(2b^2-c^2)-\sqrt{\lambda}b^2c^2c_2)}{2(2b^2-c^2)^2-b^2c^2}$$

3. $\overline{DC}$ 模式与 DC 模式供应链收益情况比较

命题 5.3：当 $t<t_3$ 时，混合情形下，分散式供应链 1 采用 RFID 技术后各成员收益及供应链总利润均增加，供应商愿意采用 RFID 技术；当 $t>t_3$ 时，供应链 1 采用 RFID 技术后总利润降低，供应商不愿意采用 RFID 技术，其中

$$t_3=\frac{(1-\sqrt{\lambda})(bcc_2-\sqrt{\lambda}(2ba_1+ca_2)+c_1\tau)}{\sqrt{\lambda}(bc+c^2-2b^2)}$$

证明：DC 模式与 $\overline{DC}$ 模式对比，分散式供应链 1 采用 RFID 技术的条件是当 $\Pi_{M1}^{\overline{DC}*} > \Pi_{M1}^{DC*}$ 时，即

$$(w_1^{\overline{DC}*} - c_1 - t)D_1^{\overline{DC}*}(w) > (w_1^{DC*} - c_1)D_1^{DC*}(w)$$

将 $w_1^{\overline{DC}*}$、$w_1^{\overline{DC}*}$、$D_1^{\overline{DC}*}(w)$、$D_1^{DC*}(w)$ 代入以上各式，可求得共同的式子 $\lambda(bc(c_2+t)+(2ba_1+ca_2)+(c_1+t)\tau)^2 > (\mu + c_1\tau)^2$，化简可得

$$t < \frac{(1-\sqrt{\lambda})(bcc_2 - \sqrt{\lambda}(2ba_1+ca_2)+c_1\tau)}{\sqrt{\lambda}(bc+c^2-2b^2)}$$

其中，$\tau = c^2 - 2b^2$；$\mu = bcc_2 + \lambda(2ba_1 + ca_2)$。

命题 5.4：当 $t < t_4$ 时，混合情形下，集中式供应链供应商采用 RFID 技术后其供应链总利润增加，供应商愿意采用 RFID 技术；当 $t > t_4$ 时，供应链采用 RFID 技术其总利润降低，供应商不愿意采用 RFID 技术，其中

$$t_4 = \frac{(1-\sqrt{\lambda})}{\lambda} \times \frac{(\varphi + \theta + bcc_1(2b^2-c^2) - \sqrt{\lambda}b^2c^2c_2)}{2(2b^2-c^2)^2 - b^2c^2}$$

式中

$$\varphi = 2\lambda(2b^2-c^2)(2ba_2+ca_1)$$
$$\theta = bc\lambda(2ba_1+ca_2)$$

证明：$\overline{DC}$ 模式与 DC 模式对比，集中式供应链 2 采用 RFID 技术的条件是

$$\Pi_{SC2}^{\overline{DC}}(w) > \Pi_{SC2}^{DC}(w)$$

即

$$(p_2^{\overline{DC}*}(w) - c_2 - t)D_2^{\overline{DC}*}(w) > (p_2^{DC*}(w) - c_2)D_2^{DC*}(w)$$

将各变量的值代入式子中得

$$((c_2+t)(c^2-2b^2) + bcw_1^{\overline{DC}*} + 2ba_2 + ca_1)^2 > \frac{(c_2(c^2-2b^2) + bcw_1^{DC*} + \lambda(2ba_2+ca_1))^2}{\lambda}$$

将 w_1^{DC*} 和 $w_1^{\overline{DC}*}$ 的值代入即可求得

$$t < \frac{(1-\sqrt{\lambda})}{\sqrt{\lambda}} \times \frac{(-2(2b^2-c^2)^2 + b^2c^2)c_2 + bcc_1(2b^2-c^2) - \sqrt{\lambda}(ba_2(8b^3-3c^2) + ca_1(6b^2-2c^2))}{bc(2b^2-c^2) - 2(2b^2-c^2)^2 + b^2c^2}$$

5.3.4 算例分析

为了计算方便，假设市场需求参数为 $a_1 = a_2 = 300, b = 13, c = 8$，产品成本结构相同且参数分别为 $c_1 = c_2 = 8$，零售商库存可利用率为 $\lambda = 0.8$，RFID 标签单位价格为 t。

在混合情景下，本书分析了 $\overline{DC}$ 、$\bar{D}C$ 、$D\bar{C}$ 三种模式，同样先分析 $\bar{D}C$ 、$D\bar{C}$ 两种情况，求出采用 RFID 技术之后的收益增加的标签成本临界值，然后在临界值范围内进行讨论分析。

（1）图 5.18～图 5.20 分别表示各成员利润差随 t 变化的情况。

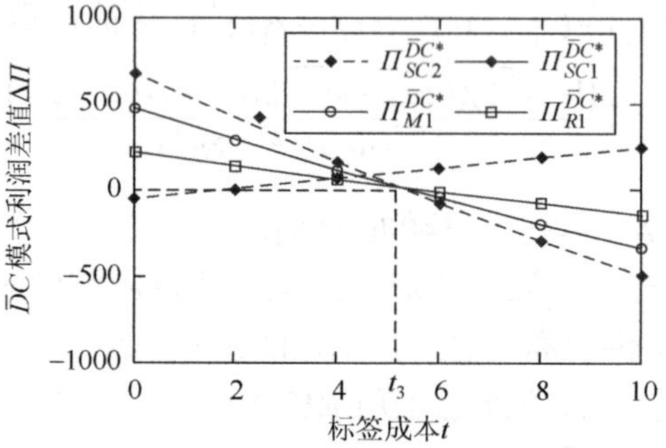

图 5.18　$\bar{D}C$ 模式利润差变化图

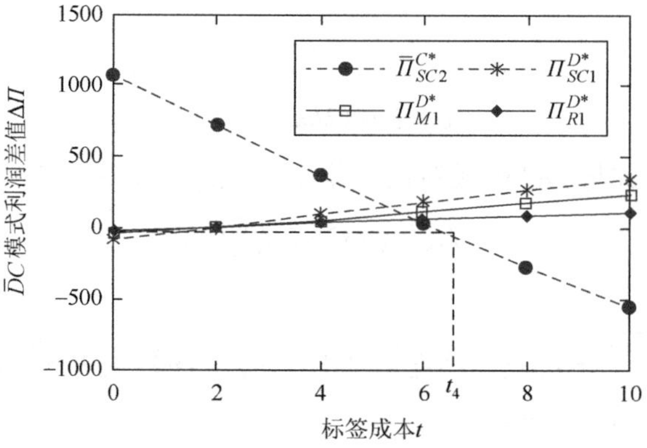

图 5.19　$D\bar{C}$ 模式利润差变化

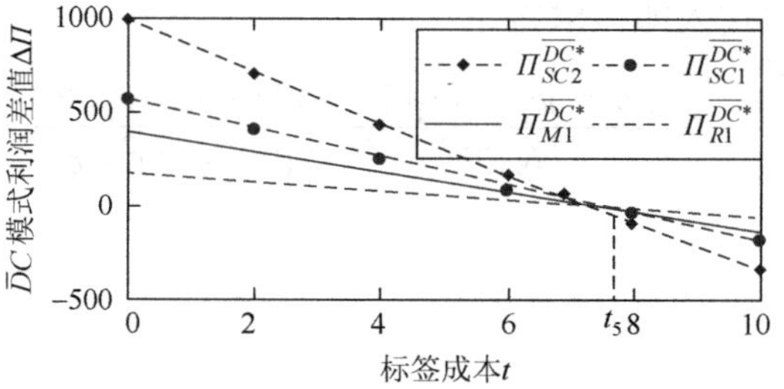

图 5.20　$\overline{DC}$ 模式利润差变化

从图 5.18 可以看出，采用 RFID 技术的供应链各成员利润差随t的增大而逐渐减小，当利润差减小到零时，对应的标签成本也就是临界成本，即$t_3 = 5.3$。

从图 5.19 得出，随着t的增大，集中式供应链 2 的利润差是正值且逐渐增加，说明未进行任何投资的供应链 2 免费共享供应链 1 投资所带来的溢出效应。而采用 RFID 技术的分散式供应链 1、制造商 1 和零售商 1 的利润差却是递减的，且同时达到临界值点。

同样从图 5.19 中求出在$D\bar{C}$模式中，集中式供应链 2 采用 RFID 技术之后的收益增加的标签成本临界值为$t_4 = 6.2$。

从图 5.20 中可以看出，采用 RFID 技术的集中式供应链 2 的利润随着t的增大而减小，当减小到零，即对应临界标签成本时，而不采用 RFID 技术的分散式供应链 1 的各成员利润差均递增，故其均受益于供应链 2 所带来的溢出效应。

从图 5.20 明显可以看出，当两条供应链均投资 RFID 技术时，其利润差随着标签成本的增大而减小，当减小到零时，即求出标签成本阈值为$t_5 = 7.3$。若$t > 7.3$，两条供应链均会放弃投资使用该技术。

（2）在标签成本临界值之内取$t = 1$，分析四种模式下的均衡解如表 5.4 所示。

表 5.4　四种模式下的均衡解

模式	供应链 1						供应链 2			供应链 1 和供应链 2
	w_{M1}^*	p_1^*	D_1^*	Π_{M1}^*	Π_{R1}^*	Π_{SC1}^*	p_2^*	D_2^*	Π_{SC2}^*	Π_{SC12}^*
DC	20.4	32.5	90.3	1120.2	501.5	1621.8	26.5	244.5	2839.9	4461.7
$\bar{D}C$	25.0	32.2	93.2	1492.0	668.0	2160.0	26.4	213.7	2810.8	4970.8
$D\bar{C}$	20.3	32.2	89.2	1093.0	489.3	1582.3	25.9	220.2	3730.6	5312.9
$\overline{DC}$	24.8	31.9	92.1	1456.9	652.3	2109.1	25.9	219.1	3693.3	5802.4

从表 5.5 可以看出，DC模式与$\bar{D}C$模式比较，同样得出分散式供应链 1 各成员在采用 RFID 技术之后的利润大于不采用 RFID 技术时的利润，制造商 1 利润由 1120.2 变为 1492.0，零售商 1 利润由 501.5 变为 668.0，供应链 1 利润由 1621.8 变为 2160.0；$D\bar{C}$模式与DC模式对比看出，集中式供应链 2 在采用 RFID 技术之后的利润大于不采用 RFID 技术时的利润（由 2839.9 变为 3730.6）；故对于混合型的供应链，在标签价格低于制造商采用 RFID 技术的临界值时，采用 RFID 技术是每条供应链的最优策略。

从图 5.21 可以看出，混合情形中，不管是供应链 1 采用 RFID 技术还是供应链 2 采用 RFID 技术，都会使其供应链利润增加，两者的总利润也大于不采用 RFID 技术的情形（增加如图 5.21 阴影所示），这说明在混合情形下，在标签价格低于临界条件时，供应链中谁先采用 RFID 技术，谁就会在市场中抢占先机，增大盈利，在市场中的竞争力逐步增强。总结以上三种分析可得，在标签价格低于临界值时，不管供应链是何种类型，采用 RFID 技术均是供应链的最优策略。

（3）假设标签成本 $t \in [0,8]$，库存可利用率 $\lambda \in [0,1]$，使用 MATLAB 工具计算出四种模式下供应链的总利润如图 5.21 所示。

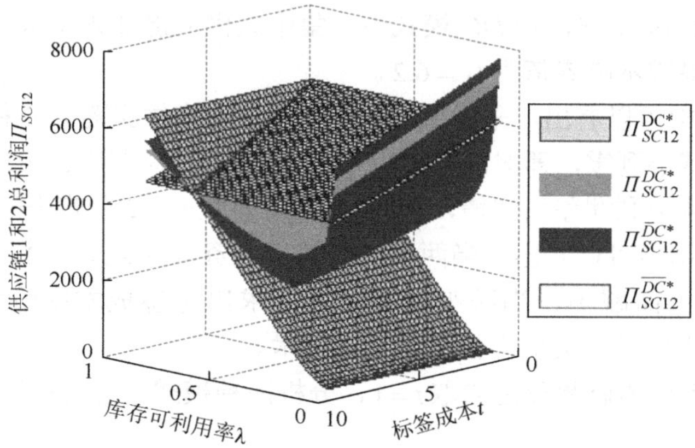

图 5.21　四种模式下供应链 1 和供应链 2 的总利润

整个供应链系统的利润随着标签成本的增大而减小，然而其利润随着库存损耗率的不同呈不同的变化趋势。

当库存可利用率很高时，四种模式下供应链系统的收益分别为 $\Pi_{SC12}^{DC*} > \Pi_{SC12}^{\bar{D}C*} > \Pi_{SC12}^{D\bar{C}*} > \Pi_{SC12}^{\overline{DC}}$，供应链最优策略是不投资 RFID 技术；当库存利用率处于中等水平时，收益情况正好相反，两条供应链均投资 RFID 技术是最优策略；当库存利用率很低时，供应链系统的收益分别为 $\Pi_{SC12}^{DC*} < \Pi_{SC12}^{\overline{DC}} < \Pi_{SC12}^{D\bar{C}*} < \Pi_{SC12}^{\bar{D}C*}$，这时分散式供应链投资 RFID 技术是最优策略，这种情况几乎不存在，因为零售商库存鲜有太低的情况发生（如 10%）。

第6章　总结与展望

库存不准确广泛存在于零售供应链，并已成为零售供应链企业迫切需要解决的重要问题。作为21世纪信息技术具有划时代意义物联网的排头兵，RFID技术被认为是解决零售供应链库存不准确以及提高其绩效的最有效手段。以RFID技术为核心的物联网环境下大数据的产生，必将改变传统零售供应链的运作方式，形成新的供应链合作模式，并影响和改变零售供应链的决策优化。为此，迫切需要研究基于RFID技术的零售供应链决策优化方法。

本书以RFID技术应用的零售供应链为研究对象，基于博弈理论和供应链契约理论，分析了在不同类型成本、不同利益主体、不同竞争关系下零售供应链如何进行RFID技术的投资决策优化，实现供应链运作效率的提升。具体工作如下。

（1）阐述了零售供应链广泛存在库存不准确问题，以及采用RFID技术可以消除或者缓解零售供应链库存不准确问题，从而引出研究问题、研究目的与意义。

（2）综述了零售供应链及库存不准确、RFID技术的应用价值、供应链契约与基于RFID技术的供应链优化决策等四个方面的研究进展。

（3）研究了价格外生的零售供应链RFID技术投资决策。考虑RFID技术能完全消除供应链的库存缩减和部分消除供应链的库存损耗，首先，在价格外生情境下讨论了单制造商—单零售商组成的集中式供应链的RFID技术投资策略；然后，基于供应链契约理论研究了RFID技术在分散式供应链下的成本和收益的协调问题；最后，考虑需求和价格的相关性以及需求的不确定性，采用PRB契约，从而实现分散式供应链的RFID技术投资优化决策。

（4）研究了基于回购契约的零售供应链RFID技术投资决策。考虑零售商面临的商品错放和商品损耗问题，在分散式决策下，研究回购契约是否能够应用于引入RFID技术的单制造商—单零售商组成的两级分散式零售供应链的协调，并分析了商品错放率、商品损耗率等参数对该零售供应链RFID技术投资决策的影响。

（5）研究了竞争型零售供应链RFID技术投资决策。基于博弈论的理论方法，对生产具有替代性产品的不同竞争型供应链中多种RFID技术投资方式下的供应链各方利润和供应链总利润进行了对比分析。首先，在讨价还价模式下，考虑由零售商主导下的两个制造商和一个零售商组成的零售供应链分别在两个制造商均不投资 RFID 技术、一个制造商投资 RFID 技术以及两个制造商均投资 RFID 技术下零售商的收益变化；然后，在两条相互竞争的分散式供应链同时存在的情形下，分析两条供应链均不投资 RFID 技术、一条供应链投资 RFID 技术以及两条供应链均投资 RFID 技术下供应链各方利润与供应链总收益的变化；最后，研究了两条相互竞争的分散式供应链和集中式供应链在三种投资方式下供应链各方利润与供应链总收益的变化。

未来可以针对不同行业，考虑对不同供应链结构类型、不同的主导地位、RFID 技术的不同投资策略、RFID 技术应用的不同价值等进行研究。

参考文献

陈旭. 2005. 需求信息更新条件下易逝品的批量订货策略[J]. 管理科学学报, 8(5): 38-42.

代建生, 孟卫东. 2014. 风险规避下具有促销效应的收益共享契约[J]. 管理科学学报, 17(5): 25-34.

但斌, 毛迎迎, 徐广业. 2012. 基于 RFID 技术的易逝品供应链库存协调[J]. 计算机集成制造系统, 18(10): 2280-2286.

但斌, 徐广业. 2013. 随机需求下双渠道供应链协调的收益共享契约[J]. 系统工程学报, 28(4): 514-521.

樊宏. 2006. 沃尔玛的 RFID 时代[J]. 中国物流与采购, (13): 52-53.

范体军, 张李浩, 吴锋, 等. 2013a. RFID 技术压缩提前期对供应链收益的影响与协调[J]. 中国管理科学, 21(2): 114-122.

范体军, 张丽, 李琳, 等. 2013b. 基于 RFID 技术的零售型供应链投资决策研究[J]. 管理学报, 10(8): 1230-1237.

胡本勇, 王性玉, 彭其渊. 2007. 供应链单向及双向期权柔性契约比较分析[J]. 中国管理科学, 15(6): 92-97.

胡劲松, 王虹. 2007. 三级供应链应对突发事件的价格折扣契约研究[J]. 中国管理科学, 15(3): 103-107.

李琳, 范体军. 2014. 基于 RFID 技术应用的鲜活农产品供应链决策研究[J]. 系统工程理论与实践, 34(4): 836-844.

李延晖, 张茜, 肖凯, 等. 2017. 下游驱动的 RFID 跨企业集成供应链协调[J]. 计算机集成制造系统, 23(8): 1711-1720.

刘家国, 吴冲. 2010. 基于报童模型的两级供应链回购契约协调研究[J]. 中国管理科学, 18(4): 73-78.

刘浪, 史文强, 冯良清. 2016. 多因素扰动情景下应急数量弹性契约的供应链协调[J]. 中国管理科学, 24(7): 163-176.

陶峰, 范体军, 李琳. 2016. 基于 RFID 的竞争型供应链投资决策研究[J]. 工业工程与管理, 21(1): 89-95.

佟斌, 杨德礼, 潘新. 2010. 零售业供应链企业 RFID 技术应用决策研究[J]. 管理学报, (6): 874-878.

王磊, 但斌. 2015. 考虑消费者效用的生鲜农产品供应链保鲜激励机制研究[J]. 管理工程学报, 29(1): 200-206.

王先甲, 周亚平, 钱桂生. 2017. 生产商规模不经济的双渠道供应链协调策略选择[J]. 管理科学学报, 20(1): 17-31.

王旭, 张男, 王银河. 2012. 价格折扣契约下应对突发事件下的闭环供应链协调策略[J]. 计算机应用研究, 29(7): 2450-2453.

杨惠霄, 张李浩. 2014. 基于 RFID 技术的供应链投资决策及协调[J]. 计算机集成制造系统, 20(1): 55-61.

张李浩, 包兴, 杨惠霄. 2015a. 供应链采用 RFID 的标签成本阈值分析及契约协调[J]. 系统工程理论与实践, 35(5): 1133-1143.

张李浩, 范体军, 刘斌. 2017. 基于库存错放的供应链 RFID 投资均衡策略[J]. 系统工程理论与实践, 37(12): 3079-3087.

张李浩, 范体军, 杨惠霄. 2015b. 基于 RFID 技术的供应链投资决策及协调策略研究[J]. 中国管理科学, 23(8): 112-121.

张李浩, 胡继灵. 2013. VMI 下采用 RFID 技术对供应链收益的影响与协调[J]. 管理学报, 10(4): 590-596.

张李浩, 杨斌. 2016. 基于 RFID 技术的标签成本分摊及投资策略[J]. 计算机集成制造系统, 22(5): 1329-1338.

张琳, 田军, 冯耕中. 2017. 基于柔性契约的政府应急物资采购模型研究[J]. 运筹与管理, 26(5): 53-61.

张义刚, 唐小我. 2011. 延迟支付下短生命周期产品批发价契约研究[J]. 中国管理科学, 19(3): 63-69.

郑新明, 史小宁, 张卫刚. 2012. 零售业供应链上应用 RFID 的成本分摊研究[J]. 中国经贸导刊, 2012(20): 54-55.

Adoga I, Valverde R. 2014. An RFID based supply chain inventory management solution for the petroleum development industry: A case study for SHELL nigeria[J]. Journal of Theoretical and Applied Information Technology, 62(1): 199-203.

Aiello G, Enea M, Muriana C. 2015. The expected value of the traceability information[J]. European Journal of Operational Research, 244(1): 176-186.

Angeles R. 2005. RFID technologies: Supply-chain applications and implementation issues[J]. Information Systems Management, 22(1), 51-65.

Arani H V, Rabbani M, Rafiei H. 2016. A revenue-sharing option contract toward coordination of supply chains[J]. International Journal of Production Economics, 178: 42-56.

Atali A, Lee H, Özer O. 2005. If the inventory manager knew-RFID in retail and distribution[J]. MSOM Conference Proceedings, 3(10): 12-17.

Banerjee A. 1986. A joint economic-lot-size model for purchaser and vendor[J]. Decision Science, 17(3): 292-311.

Bassok Y, Anupindi R. 1997. Analysis of supply contracts with total minimum commitment[J]. AIIE Transactions, 29(5): 373-381.

Beck N, Rygl D. 2015. Categorization of multiple channel retailing in Multi-, Cross-, and Omni-channel retailing for retailers and retailing[J]. Journal of Retailing and Consumer Services, 27: 170-178.

Bendavid Y, Boeck H, Philippe R. 2012. RFID-enabled traceability system for consignment and high value products: A case study in the healthcare sector[J]. Journal of Medical Systems, 36(6): 3473.

Bernstein F, Federgruen A. 2005. Decentralized supply chains with competing retailers under demand uncertainty[J]. Management Science, 51(1): 18-29.

Biswal A K, Jenamani M, Kumar S K. 2018. Warehouse efficiency improvement using RFID in a humanitarian supply chain: Implications for Indian food security system[J]. Transportation Research Part E: Logistics and Transportation Review, 109: 205-224.

Cachon G P, Kök G A. 2010. Competing manufacturers in a retail supply chain: On contractual form and coordination[J]. Management Science, 56(3): 571-589.

Cachon G P, Lariviere M A. 2001. Contracting to assure supply: How to share demand forecasts in a Supply chain[J]. Management Science, 47(5): 629-646.

Cachon G P, Lariviere M A. 2005. Supply chain coordination with revenue-sharing contracts: Strengths and limitations[J]. Management Science, 51(1): 30-44.

Cachon G P. 2003. Supply chain coordination with contracts[J]. Handbooks in Operations Research and Management Science, 11: 227-339.

Camdereli A Z, Swaminathan J M. 2010. Misplaced inventory and radio-frequency identification (RFID)technology: Information and coordination[J]. Production and Operations Management, 19(1): 1-18.

Cannella S, Dominguez R, Framinan J M. 2017. Inventory record inaccuracy-The impact of structural complexity and lead time variability[J]. Omega, 68: 123-138.

Cannella S, Framinan J M, Bruccoleri M, et al. 2015. The effect of inventory record inaccuracy in information exchange supply chains[J]. European Journal of Operational Research, 243(1): 120-129.

Chakraborty T, Chauhan S S, Vidyarthi N. 2015. Coordination and competition in a common retailer channel: Wholesale price versus revenue-sharing mechanisms[J]. International Journal of Production Economics, 166: 103-118.

Chan H L, Choi T M, Hui C L, et al. 2014. Quick response healthcare apparel supply chains: Value of RFID and coordination[J]. IEEE Transactions on Systems, Man, and Cybernetics: Systems, 45(6): 887-900.

Chen J. 2011. Returns with wholesale-price-discount contract in a newsvendor problem[J]. International Journal of Production Economics, 130(1): 104-111.

Chen L T. 2013. Dynamic supply chain coordination under consignment and vendor-managed inventory in retailer-centric B2B electronic markets[J]. Industrial Marketing Management, 42(4): 518-531.

Chuang H H C, Oliva R. 2015. Inventory record inaccuracy: Causes and labor effects[J]. Journal of Operations Management, 39: 63-78.

Chung W, Talluri S, Narasimhan R. 2014. Quantity flexibility contract in the presence of discount incentive[J]. Decision Sciences, 45(1): 49-79.

Cui L, Deng J, Liu F, et al. 2016. Investigation of RFID investment in a single retailer two-supplier supply chain with random demand to decrease inventory inaccuracy[J]. Journal of Cleaner Production, 142: 2028-2044.

Cui L, Wang L, Deng J. 2014. RFID technology investment evaluation model for the stochastic joint replenishment and delivery problem[J]. Expert Systems with Applications, 41(4): 1792-1805.

Dai H, Tseng M M. 2012. The impacts of RFID implementation on reducing inventory inaccuracy in a multi-stage supply chain[J]. International Journal of Production Economics, 139(2): 634-641.

Dehoratius N, Raman A. 2008. Inventory record inaccuracies: An empirical analysis[J]. Management Science, 4(54): 627-641.

Dey A, Vijayaraman B S, Choi J H. 2016. RFID in US hospitals: An exploratory investigation of technology adoption[J]. Management Research Review, 39(4): 399-424.

Dimakopoulou A G, Pramatari K C, Tsekrekos A E. 2014. Applying real options to IT investment evaluation: The case of radio frequency identification(RFID)technology in the supply chain[J]. International Journal of Production Economics, 156: 191-207.

Eppen G D, Iyer A V. 1997. Backup agreements in fashion buying—the value of upstream flexibility[J]. Management Science, 43(11): 1469-1484.

Fan T, Chang X, Gu C, et al. 2014. Benefits of RFID technology for reducing inventory shrinkage[J]. International Journal of Production Economics, 147: 659-665.

Fan T, Tao F, Deng S, et al. 2015. Impact of RFID technology on supply chain decisions with inventory inaccuracies[J]. International Journal of Production Economics, 159: 117-125.

Feng B, Yao T, Jiang B, et al. 2014. How to motivate vendor's RFID adoption beyond mandate? A retailer's perspective[J]. International Journal of Production Research, 52(7): 2173-2193.

Fleisch E, Tellkamp C. 2005. Inventory inaccuracy and supply chain performance: A simulation study of a retail supply chain[J]. International Journal of Production Economics, 95(3): 373-385.

Gaukler G M, Özer Ö, Hausman W H. 2008. Order progress information: Improved dynamic emergency ordering policies[J]. Production and Operations Management, 17(6): 599-613.

Gaukler G, Ketzenberg M, Salin V. 2017. Establishing dynamic expiration dates for perishables: An application of RFID and sensor technology[J]. International Journal of Production Economics, 193: 617-632.

Goyal S, Hardgrave B C, Aloysius J A, et al. 2016. The effectiveness of RFID in backroom and sales floor inventory management[J]. The International Journal of Logistics Management, 27(3): 795-815.

Hardgrave B C, Aloysius J A, Goyal S. 2013. RFID-enabled visibility and retail inventory record inaccuracy: Experiments in the field[J]. Production and Operations Management, 22(4): 843-856.

Herhausen D, Binder J, Schoegel M, et al. 2015. Integrating bricks with clicks: Retailer-Level and Channel-Level outcomes of Online-Offline channel integration[J]. Journal of Retailing, 91(2): 309-325.

Hill R M. 2007. Continuous-review, lost-sales inventory models with Poisson demand, a fixed lead time and no fixed order cost[J]. European Journal of Operational Research, 176(2): 956-963.

Iglehart D L, Morey R C. 1972. Inventory systems with imperfect asset information[J]. Management Science, 18(8): B388-B394.

Jing C. 2011. Coordinating a decentralized supply chain with customer returns and price-dependent stochastic demand using a buyback policy[J]. European Journal of Operational Research, 212(2): 293-300.

Kandel E. 1996. The right to return[J]. Journal of Law and Economics, 39(1): 329-356.

Kang Y, Gershwin S B. 2005. Information inaccuracy in inventory systems: Stock loss and stockout[J]. IIE Transactions, 37(9): 843-859.

Katok E, Wu D Y. 2009. Contracting in Supply Chains: A Laboratory Investigation[J]. Management

Science, 55(12): 1953-1962.

Kearney A T. 2003. Meeting the retail RFID mandate: A discussion of the issues facing CPG companies[J]. Report: AT Kearney.

Kim T, Glock C H. 2014. On the use of RFID in the management of reusable containers in closed-loop supply chains under stochastic container return quantities[J]. Transportation Research Part E, 64: 12-27.

Kök A G, Shang K H. 2007. Inspection and replenishment policies for systems with inventory record inaccuracy[J]. Manufacturing and Service Operations Management, 9(2): 185-205.

Kök A G, Shang K H. 2014. Evaluation of cycle-count policies for supply chains with inventory inaccuracy and implications on RFID investments[J]. European Journal of Operational Research, 237(1): 91-105.

Lariviere M A, Porteus E L. 2001. Selling to the newsvendor: An analysis of price-only contracts[J]. Manufacturing and Service Operations Management, 3(4): 293-305.

Lariviere M A. 1999. Supply chain contracting and coordination with stochastic demand//Sridhar T, Ram G, Michael M. Quantitative Models for Supply Chain Management[M]. US: Springer: 233-268.

Lee H, Özer Ö. 2007. Unlocking the value of RFID[J]. Production and Operations Management, 16(1): 40-64.

Lee J H, Song J H, Oh K S, et al. 2013. Information lifecycle management with RFID for material control on construction sites[J]. Advanced Engineering Informatics, 27(1): 108-119.

Lei Q, Chen J, Wei X, et al. 2015. Supply chain coordination under asymmetric production cost information and inventory inaccuracy[J]. International Journal of Production Economics, 170: 204-218.

Lei Q, Zhang Y, Zhou L. 2018. Supply chain coordination under inventory inaccuracy with RFID technology[J]. Mathematical Problems in Engineering, (12): 1-13.

Li L, Zhang H. 2008. Confidentiality and information sharing in supply chain coordination[J]. Management Science, 54(8): 1467-1481.

Li M, Wang Z, Chan F T S. 2016. A robust inventory routing policy under inventory inaccuracy and replenishment lead-time[J]. Transportation Research Part E: Logistics and Transportation Review, 91: 290-305.

Marco A D, Cagliano A C, Nervo M L, et al. 2012. Using system dynamics to assess the impact of RFID technology on retail operations[J]. International Journal of Production Economics, 135(1): 333-344.

Mersereau A J. 2013. Information-sensitive replenishment when inventory records are inaccurate[J]. Production and Operations Management, 22(4): 792-810.

Nativi J J, Lee S. 2012. Impact of RFID information-sharing strategies on a decentralized supply chain with reverse logistics operations[J]. International Journal of Production Economics, 136(2): 366-377.

Ngai E W T, Cheung B K S, Lam S S, et al. 2014. RFID value in aircraft parts supply chains: A case study[J]. International Journal of Production Economics, 147: 330-339.

Niemeyer A, Pak M S, Ramaswamy S E. 2003. Smart tags for your supply chain[J]. McKinsey Quarterly, 4: 6-9.

Ouardighi F E, Kim B. 2010. Supply quality management with wholesale price and revenue-sharing contracts under horizontal competition[J]. European Journal of Operational Research, 20(6): 329-340.

Pasternack B A. 1985. Optimal pricing and return policies for perishable commodities[J]. Marketing Science, 4(1): 131-132.

Pauwels K, Neslin S A. 2015. Building with bricks and mortar: The revenue impact of opening physical stores in a multichannel environment[J]. Journal of Retailing, 91(2): 182-197.

Petruzzi N C, Dada M. 1999. Pricing and the newsvendor problem: A review with extensions[J]. Operations Research, 47(2): 183-194.

Qin W, Zhong R Y, Dai H Y, et al. 2017. An assessment model for RFID impacts on prevention and visibility of inventory inaccuracy presence[J]. Advanced Engineering Informatics, 34: 70-79.

Rekik Y. 2011. Inventory inaccuracies in the wholesale supply chain[J]. International Journal of Production Economics, 133(1): 172-181.

Ritchken P H, Sankar R. 1984. The effect of estimation risk in establishing safety stock levels in an inventory model[J]. Journal of the Operational Research Society, 35(12): 1091-1099.

Sarac A, Absi N. 2015. Impacts of RFID technologies on supply chains: A simulation study of a three-level retail supply chain subject to shrinkage and delivery errors[J]. European Journal of Industrial Engineering, 9(1): 418-20.

Selwyn P, Sina W, Martin G. 2014. Should retail stores also RFID-tag 'cheap' items? [J]. European Journal of Operational Research, 233(1): 281-291.

Shen Y, Willems S P. 2012. Coordinating a channel with asymmetric cost information and the manufacturer's optimality[J]. International Journal of Production Economics, 135(1): 125-135.

Shin S, Eksioglu B. 2015. An empirical study of RFID productivity in the US retail supply chain [J]. International Journal of Production Economics, 163: 89-96.

Tabanli R M, Ertay T. 2013. Value stream mapping and benefit-cost analysis application for value visibility of a pilot project on RFID investment integrated to a manual production control system—a case study[J]. The International Journal of Advanced Manufacturing Technology, 66(5-8): 987-1002.

Tao F, Fan T, Lai K K, et al. 2017. Impact of RFID technology on inventory control policy[J]. Journal of the Operational Research Society, 68(2): 1-14.

Thiel D, Hovelaque V, Le Hoa V T. 2010. Impact of inventory inaccuracy on service-level quality in(Q, R)continuous-review lost-sales inventory models[J]. International Journal of Production Economics, 123(2): 301-311.

Thiesse F, Buckel T. 2015. A comparison of RFID-based shelf replenishment policies in retail stores under suboptimal read rates[J]. International Journal of Production Economics, 159: 126-136.

Tsao Y C, Zhang Q, Zeng Q. 2017. Supply chain network design considering RFID adoption[J]. IEEE Transactions on Automation Science and Engineering, 14(2): 977-983.

Tsay A A. 1999. The quantity flexibility contract and supplier-customer incentives[J]. Management Science, 45(10): 1339-1358.

Ustundag A. 2010. Evaluating RFID investment on a supply chain using tagging cost sharing factor[J]. International Journal of Production Research, 48(9): 2549-2562.

Verhoef P C, Kannan P K, Inman J J. 2015. From multi-channel retailing to omni-channel retailing: Introduction to the special issue on multi-channel retailing[J]. Journal of Retailing, 91(2): 174-181.

Wang T, Hu B, Chang S, et al. 2018. Inventory inaccuracies and radio frequency identification technology: Risk analysis and coordination[J]. Computers and Industrial Engineering, 125: 9-22.

Wang Z, Chan F T S. 2015. A robust replenishment and production control policy for a single-stage production/inventory system with inventory inaccuracy[J]. IEEE Transactions on Systems, Man, and Cybernetics, 45(2): 326-337.

Weng K Z. 2000. A risk-free perishable item returns policy[J]. Manufacturing and Service Operations Management, 2(1): 100-106.

Wu J. 2005 Quantity flexibility contracts under Bayesian updating[J]. Computers and Operations Research, 32(5): 1267-1288.

Xu J, Qi Q, Bai Q. 2018. Coordinating a dual-channel supply chain with price discount contracts under carbon emission capacity regulation[J]. Applied Mathematical Modelling, 56: 449-468.

Xu Z T, Ming X G, Zhou J L, et al. 2013. Management optimization based on dynamic SKU for RFID-enabled warehouse management in the steel supply chain[J]. International Journal of Production Research, 51(10): 2981-2996.

Yazici H J. 2014. An exploratory analysis of hospital perspectives on real time information requirements and perceived benefits of RFID technology for future adoption[J]. International Journal of Information Management, 34(5): 603-621.

Zhang B, Lu S, Zhang D, et al. 2014. Supply chain coordination based on a buyback contract under fuzzy random variable demand[J]. Fuzzy Sets and Systems, 255: 1-16.

Zhang J, Farris P W, Irvin J W, et al. 2010. Crafting integrated multichannel retailing strategies[J]. Journal of Interactive Marketing, 24(2): 168-180.

Zhang L, Wang J, You J. 2015. Consumer environmental awareness and channel coordination with two substitutable products[J]. European Journal of Operational Research, 241(1): 63-73.

Zhao Y, Meng X, Wang S, et al. 2016. Buyback contracts with price-dependent demands: Effects of demand uncertainty. Contract analysis and design for supply chains with stochastic demand. US Boston, MA: Springer: 19-59.

Zhou W, Piramuthu S. 2012. Manufacturing with item-level RFID information: From macro to micro quality control[J]. International Journal of Production Economics, 135(2): 929-938.

Zhou W, Piramuthu S. 2013. Remanufacturing with RFID item-level information: Optimization, waste reduction and quality improvement[J]. International Journal of Production Economics, 145(2): 647-657.

后　记

在国家自然科学基金委员会重点项目“基于 RFID 的生鲜农产品供应链运作优化理论与方法”（71431004）和面上项目“基于 RFID 的供应链协调优化方法及应用”（71171082）的资助下，作者八年来一直从事 RFID 技术在供应链领域的探索性研究和应用性研究，一直梦想将相关研究成果整理成一套系列专著。然而，理想很丰满，现实很骨感。多少次犹犹豫豫想要放弃，既担心系列的逻辑性，又担忧撰写的困难性。最后，终于自己找到了不能松懈的理由：单本撰写，循序渐进，有序推进。

先计划出版的三本分别是《基于 RFID 技术的零售供应链决策优化》、《供应链 RFID 技术的投资决策及协调策略》以及《生鲜农产品供应链契约协调》。

《基于 RFID 技术的零售供应链决策优化》由我和博士后梁玲负责全书框架的组织与撰写修改，硕士张丽、邓盛和耿梦参与初稿的撰写，博士生宋杨、徐畅、硕士王宗良、潘倩兰、邹凤莉参与书稿文献整理和综述撰写工作。

《供应链 RFID 技术的投资决策及协调策略》由张李浩以博士论文为基础修改完善后编辑出版。

《生鲜农产品供应链契约协调》由郑琪以博士论文为基础修改完善后编辑出版。

随后将计划再出版两本专著，分别是关于生鲜农产品配送调度方法和生鲜农产品的库存控制策略。具体将视研究成果情况而定。

感谢我的学生辛勤的付出！

感谢科学出版社的编辑为本书出版付出了辛勤的劳动！

感谢国家自然科学基金委员会对于我们研究工作的支持！

谨以三本书献给我的老师、朋友以及研究团队的所有学生，感谢您们的帮助、支持、鼓励和鞭策！

范体军

2019 年 2 月